大是文化

너에게 들려주는 단단한 말

給你的一句狠話

不管現在的你遇到什麼煩惱，都能找到一句直擊內心深處，穿透迷茫的強心劑。

韓國著名教育家、韓國最受歡迎的人生導師
著作累積銷售破 100 萬本
金鍾沅 —— 著
張鈺琦 —— 譯

CONTENTS

第2章

你不需要獲得所有人認同

第3章 致為了做好，比任何人都認真的你

第4章 給你一句狠話，為自己打強心針……163

第5章

願意自己找答案的人，永遠強大

推薦序

每天投資自己五分鐘，成就豐美人生

二〇二四年博客來親子類暢銷第一名作家／尚瑞君

現代人生活壓力大，煩惱多如牛毛，常常陷入迷茫中，每個人都想擺脫壓力與煩惱。但把自己放入電子產品裡追劇、看影片，用一．五倍速，甚至以兩倍速觀看，只會越看越心煩意亂，不但浪費大量時間，也沒有啟發智慧，反而更加深內心的空虛感。究竟有沒有方法，能讓自己真正靜下來，好好沉澱，進而脫離迷茫？答案是，有。

本書作者金鐘沅是韓國著名人文教育家，他說其實只要每天持續五分鐘，做對自己成長有益的事，一定會對人生帶來改變。

他在書中整理了現代人常遇到的七十個生活問題，並引用前人的「狠話」，引導讀者透過思考與提筆，讓自己利用一筆一劃書寫的力量，慢慢累積成自己可以面對人生、解決問題的能量與信心。

他在十六年間，靠一年讀一本歌德的書，思考內化並創作出十個領域的八十本著作，當我讀到這樣的經歷時，雖然覺得不可思議，但這個精讀自己喜歡作者書籍的習慣，確實讓大家看見，**反覆做同一件事的驚人力量。持續做有意義的事情，勝過囫圇吞棗的大量吸收資訊**。此外，作者在書中加入三個元素：

1. 幫助大家提升自信與智慧，形塑美好關係、夢想與價值觀的名言。
2. 詳盡說明以徹底理解名言的概念。

3. 蒐集能憑藉書寫提升各種能量的文章。

最重要的是，每篇文章的最後都留有格線，讓讀者寫下自己的心得、想法，或單單把名言金句抄寫下來，這樣「即知即行」的動作，讓大家可以實際感受與執行，書寫帶來的靜心與啟思。

現代生活競爭多、壓力大，資訊龐雜，不管大人或孩子，都會有前途茫茫，甚至欲振乏力的迷失感與無力感。這時，先別急著行動，不妨靜下心來，看看由作者精心蒐羅的七十則人生智慧。知識與資訊是共有的，但頓悟則是自己的責任。如何頓悟？如何把他人的知識內化成自己的智慧？

我們可以透過閱讀、記錄、自我問答，或與人討論，甚至以創作實踐於生活中，配合本書，透過閱讀與書寫，一步一步成長為更好的自己。

每天為自己投資五分鐘，吸收與內化前人的智慧金句，做正確的事來成就更豐美的人生。

推薦語

這本書哪有什麼狠話，整本嗑完沒一句能打，因為裡頭每一句根本都是暖話，而且是我們平時「狠不下心鼓勵自己的暖話」。人類不知道從什麼時候開始，為自己送暖，居然比對自己發狠還費勁，但這本書給了我們一個逆轉的起點。

只要五分鐘，等一杯咖啡、走兩個路口，或經過三個站牌的時間，我們就能多給自己一些溫度。

作者很貼心，每一篇都是五分鐘完食的分量，但重點不是攝取，而是消化，因此文章結尾皆預留了一份空白備忘。如果可以，我們再給自己多一點時間，反思也好，鼓勵也罷，寫幾行字，讓這句暖話，成為加溫的過程，成為身體的一部分。

對了，我最喜歡的其中一句是儒勒．雷納爾（Jules Renard）說：「真正自由的人，是不需要任何藉口，就能明確拒絕晚餐邀約的人。」

——善言心理治療所所長／劉仲彬

前言
一天只讀五分鐘，人生大不同

不知道大家是否有這樣的煩惱？

「進步幅度不如預期。」

「很難與朋友們相處。」

「不知道未來要做什麼？」

「羨慕同學的國文與數學成績比較好。」

「不知道人活著要做什麼？」

「總覺得好累，做什麼事都提不起勁。」

「討厭沒自信且懦弱的自己。」

人不管在哪個階段都會有很多煩惱，而且沒有任何一件是微不足道的事，正因為這些煩惱都很重要，所以才壓得你喘不過氣。這也是我寫下本書的理由。

大家能跟著書中文字，一筆一劃書寫，相信一定能獲得解決問題的力量。不論是學習或人際關係，人生或自尊心問題，甚至內在力量與態度等，都能透過書寫來獲得能量。

本書共五章，只要看過目錄，就能知道我想透過本書傳遞什麼，期望每個人能透過書寫來獲得力量。為了實際幫助大家，我在書中加入了三個元素：

1. 幫助大家提升自信與智慧，形塑美好關係、夢想與價值觀的名言。
2. 藉由詳盡說明，讓大家徹底理解名言的概念。
3. 蒐集能憑藉書寫提升各種能量的文章。

我相信本書能為大家帶來被稱為奇蹟的禮物。這不是信口開河，在我每年和許多家長與學子見面的場合，或個人經營的各種社群媒體上，都已經印證了這些文字的力量。

我知道大家每天都很忙。所以我建議一天書寫五分鐘。只要每天花五分鐘，就能讓你的人生完全不同。因此我盡可能將想表達的內容，濃縮成五分鐘內就能閱讀與書寫的範圍。

現在想做的事、現在想做得更好的事、未來一定要嘗試的事，這些都能透過「一天寫五分鐘」來開啟第一步。

第 1 章

問題有好壞，人生無對錯

1 只要我不放棄，沒人能強迫我放棄

「那樣是行不通的！」
「如果你不打算跟大家一樣，就沒資格加入這裡。」

世上總有很多聲音要我們改變原本的自己，但改變的結果，是我們終將過著和他人相似的生活。如果想過著快樂的人生，請朗讀並寫下以下七點，藉此深深刻在腦中：

1. 只要我不放棄，這世界就沒有能強迫我結束的事物。

2. 別懷疑，我的做法將不同於以往。
3. 所謂選擇，就是呈現思想的智慧證明。
4. 害怕與希望共存，世上不存在沒有恐懼的希望。
5. 我只會看著最明亮的部分、只說正面的話。
6. 如果下定決心，就不必耗費時間跟任何人爭辯。
7. **與他人比較是不幸的開始，與自己比較則能期待成長**。

在達成目標前，一切都是未知數。這時更應該相信自己擁有無限可能，堅持自己的心意並相信自己能做到。不要一直想「我真的行嗎？」，這麼做只會漸漸毀了自己。

「我」要活得像自己，因為若為了獲得什麼而失去自我，一切就毫無意義。雖然會害怕，但**克服恐懼即智慧的開始**，這也是我們學習的理由。

給你一句狠話

「雖然剛開始他們可能會嘲笑我：『幹嘛做那個？』但之後他們必會讚嘆著問：『要怎樣才能把那個做好？』」

——現代物理學之父／阿爾伯特·愛因斯坦（Albert Einstein）

2 再怎麼強大的人都不可能永遠贏

「我很認真的練習，但沒想到又輸了。」
「我如此真心，但為什麼大家都不理解我。」

人生在世，不如意時難免冒出這種想法，使得原本已經疲憊不堪的心更加煎熬。這時，不妨試著轉換想法。因為若我們繼續折磨自己，結果也不會改變，但只要換個角度思考，就會發現過程比結果更令人開心，而這份喜悅能讓疲憊的我們再次充滿勇氣與力量。

大家不妨試著想，就算再怎麼強的人都不可能永遠勝利。同理，就算我們的內心再強大、意志再堅定，也可能會輸，而**勝利不是人生的最終目標**。只要竭盡全力就已經贏了，意志堅定朝向目標邁進，在自己的心中，就已經是堂堂正正的勝利者。

只要我們自認足夠努力，問心無愧，總有一天能得到我們想要的。**不要因一時的勝負而毀了心情**。將目光放得長遠，內心自然會平靜下來，也會為一直以來如此努力的自己感到驕傲。只要堅定的相信自己，就是人生最大的勝利。

面對所有挑戰，無須畏懼，也不必擔心，只要相信自己，一定能獲得最好的成果。

給你一句狠話

「人人都有驚人的潛力，要相信自己的力量與青春，並不斷告訴自己：我就是命運的主宰。」

——法國作家／安德烈．紀德（Andre Gide）

3　隱忍，是世上最積極的力量

「我一定要做到！」

「如果想達成目標，就只能暫時控制對其他事物的欲望，雖然辛苦，但還是要咬牙撐下去。」

相信大家都經歷過為了得到某些成果而忍耐某事物。請大家回頭仔細想想，曾經歷的忍耐是怎樣的感受？如果要以一句話來表達，又會如何形容它？

大家可能會誤以為忍耐是消極、停滯的，或只是在忍受而已。

為什麼我會稱之為錯覺？大家可以透過剛剛回溯自身經驗得知，**忍耐絕非消極**。相反的，忍耐可以說**是人類最積極的一種表達方式**，也是最強烈的情感。因為我們必須不斷戰勝誘惑，才能守護所謂的忍耐。

換句話說，只有最強大的人，才擁有忍耐這樣崇高的價值，而那些盲目聽從他人意見、隨波逐流，貶低自己想法價值的人，無法為了成就什麼而忍耐。一味發洩情緒，想說什麼就說出口，且將自己的權力隨意展現在他人面前，才是弱小者的表現。

擁有世界上最強大的力量，是那些懂得為自己與身邊的人，暫時隱忍的人。

這世上最強大的，是擁有足夠力量，卻不任意濫用的人。反而會為了達到自己所願，隱忍著並厚積薄發。

給你一句狠話

「大部分人總說愛自己勝過他人，卻更在乎別人的意見勝過自己的，真令人難以理解。」

——凱撒大帝／馬可．奧理略（Marcus Aurelius Antoninus）

4 比輸贏更重要的事

「真是活該！」

「這下好了吧！誰叫他這麼臭屁！」

「活該」，指看見他人狼狽時，脫口而出的話。

真的很神奇，人們在看見原本羨慕的對象變得不幸，或讓我們羨慕的因素消失不見時，親眼見到他人在我們面前轟然倒塌，會感到痛快。究竟是為什麼？

我認為因為我們會一直在心裡比較他人和自己。但這種情感不論對自己，或對變得不幸的當事者來說，都沒有任何幫助。

朝鮮民族英雄李舜臣將軍，一輩子不曾使用痛快這種字眼。當時日本侵略朝鮮，明明倭軍（按：指十三世紀到十六世紀侵略朝鮮、中國沿海各地和南洋的日本海盜集團之泛稱）對朝鮮人民做盡壞事，而李舜臣在擊潰他們時，卻不曾說出痛快。這是因為李舜臣深切知道，「如果沉溺於痛快，贏就會變成目標，反而招致不意的結果。」

重點不在贏得勝利，而是自己想得到什麼。獲勝，單純只是從痛快的情緒中衍生出的欲望，而這樣的生活方式就跟沒有理性的禽獸一樣，人類是理性的，應克制趨近於本能的行為。李舜臣因為堅守本心，因此不被痛快這樣毫無意義的字眼左右。

重點在於自己究竟想要什麼。人生只有一次，若不為自己而活，在我們為他人著想前，恐怕就先背叛了自己。

給你一句狠話

「理性，是人之所以成人，也是唯一與禽獸有別之處，我願相信我們都是理性的存在。」

——法國哲學家／勒內．笛卡兒（René Descartes）

5 真正自由的人，不花時間跟人解釋

「朋友約我，但我那天已經有其他安排了，該怎麼辦？」

「我為什麼總是無法拒絕他人？」

為何人們難以對他人說不？我想可能沒人真正深入想過這個問題。

不少人會因拒絕他人而感到不好意思，認為只要沒對自己造成太大損失，便隨口同意。但請記住，**這樣答應他人的請求反而對不起自己**。就算我們承擔著損失拒絕他人，現實也不會有任何變化。當然，如果對方懷著善意來邀約，則可以應邀。

假設有人約你吃晚餐，但你不想去，覺得浪費時間，而且自己還有其他事情該完成。這時大家就會在心中開始盤算各種藉口，也就是為了拒絕而說謊。從今天起不要再這樣了。請如實拒絕！直白告訴對方即可。

「那天我已經有其他安排。」

「不好意思，下次吧！」

不需要小心翼翼解釋。當然，這並非易事。我們擔心對方是否會懷疑或內心不快。這時，請記住接下來我要說的話，並將這些煩惱拋諸腦後。

今天拒絕沒必要的邀約，明天就能投資更多時間在更重要的事情上。我們不是為了滿足他人而生，若自己時間不允許，就應該說明自己的立場，明確拒絕，也省下解釋的時間。

立刻拒絕才是明智的行為，只要好好拒絕，時間就永遠夠用，拒絕並非無禮表現，提出無禮要求的人才顯得失禮，完美的投入自己，從完美的拒絕開始。

給你一句狠話

「真正自由的人，是不需要任何藉口，就能明確拒絕晚餐邀約的人。」

——法國小說家／儒勒·雷納爾（Jules Renard）

6 光有願望是不夠的

我們很常聽到某些話，也認同其道理，但因難以實踐，所以世上僅有一%人會執行。像這樣，大家明明都知道卻做不到的事，其實很接近成長的本質。越接近成長本質的言語，越難以實踐，不過，一旦開始行動，便能見到更美好的一方天地。我整理了十句話，希望大家細讀並謹記在心：

1. 少吃，多動。
2. 把話說得好聽，運氣也會跟著變好。
3. 人因愛而成長。

4. 多傾聽，少說話。
5. 最棒的投資就是投資自己。
6. 讀書與寫作不是興趣，而是關乎生存。
7. 多關注在自己身上，因為評價他人是最無聊的行為。
8. 溫暖與美好的言語，是一種選擇。
9. 一個人的風度與幸運，來自心中的從容。
10. 「留得青山在，不怕沒柴燒」的時代已去，當下就傾注所有！

現在，不是光學習知識就夠，因我們現在習得的所有知識，早在之前就有無數人先學習過了。最重要的不是習得一百種知識，而是懂得運用在生活中，哪怕只有一種也好。不能光有學習的意志，還需要付諸行動。

不論學什麼，所謂了解，應包含運用且落實於生活。這世上知之者甚多，實踐者卻很少。只要懷有躬身實踐的心，就能成為獨特的知識分子。

昨日被做過的事妝點，今日正等著我們彩繪，明日則靜待我們揮灑。看似平凡的日常都是我們的全部，因此每一天都很珍貴，絕不能虛度。

給你一句狠話

「空有知識是不夠的，還應當運用；光有願望是不夠的，還應當行動。行動就是魔法。」

——德國詩人／約翰．沃夫岡．馮．歌德（Johann Wolfgang von Goethe）

7 不要選擇性憤怒

「那個人總是欺負不如自己的人。」
「如果感覺到對方瞧不起我，就忍不住暴怒！」
「憤怒到底能不能控制？」

在日常生活中很常見到上述情況。但他們是真的無法控制自己的脾氣嗎？答案是否定的。

這類人就算再怎麼無法控制自己情緒，只要站在比自己強大的人面前，馬上變得溫順乖巧。所以如果他們在弱者面前毫無顧忌的發洩，在強者前卻能壓抑控制，就表示他們能控制但選擇憤怒。何況人們都受過教育，有些更是已經進入職場了解人生的道理。那麼這些有才智、見聞的人，為什麼不能善用他們的知識？

了解理由才能掌握他們的特性，避開這些表裡不一的人，才能開心過日子。再次強調，我們都要理解「情緒的本質」——不論是誰或在什麼情況下，都不會有人突然發怒並不管不顧的大聲宣洩。

而這些人突然發怒並大聲宣洩的理由是什麼？為什麼他選擇發怒？

其實答案就在情緒的本質中。有些人生氣並大聲咆哮，是因為想要利用情緒這個武器，來壓制或控制對方。因此面對弱者時，常肆無忌憚的使用，但在強者面前，卻將武器仔細藏好。

如果能理解憤怒與情緒的原理，就能知道並辨別這些人生氣的原因。**選擇性憤怒是低情商的表現**，比起找藉口說「因為……」，更應該常說「多虧有你」這樣高情商的話。

常說「幸虧有你」的人，能增進知識與智慧，遇到事情常說此話，更能在事物中學習並成長。

給你一句狠話

「博學並不能帶來智慧。」

——希臘哲學家／赫拉克利特（Heraclitus）

8 書不是陳列品，你得翻讀

讀書非常重要。

不過，書為何存在？如果沒有強大的意志拿起書本閱讀，它就只是書架上的陳列品，像積木一樣。現在請好好思考，我們是花錢買了昂貴的積木，還是購買知識寶庫？

書無法定義自己的存在，其價值根據擁有自己的人而變化，所以它可能是石頭，也可能是知識寶庫。但買了書卻將它束之高閣的人，絕不是因為不知道書的價值才不翻閱，也不是討厭閱讀，而是沒有積極追求真理，以下心態就是造成那些人不願意翻開書的原因：

1. 裡面的內容有什麼不一樣？
2. 就算理解，又能吸收多少？
3. 反正這世界就是不公平。
4. 我就來看看自己懂多少！

這樣輕蔑的態度對人生毫無助益。不過，只要轉變態度，就能讓世上所有事物成為我們成長的助力。不要惡意批評這世上任何的存在，這麼做會趕走自己的機運。

封閉自己的心，閉上雙眼不願了解、傾聽，生活又有什麼意義？如果最終仍不願打開緊閉的雙眼和內在，那它們僅只是裝飾。因此，我們應該敞開自己的內心，愉快的接納這世上所要教會我們的。

給你一句狠話

「買了卻束之高閣的書，不過是一塊積木而已。」

——英國學者／托馬斯．富勒（Thomas Fuller）

9 享受學習，所有地方都是天堂

「為什麼壞事總是發生在我身上？」

「真的好倒楣。老是這樣！」

發生在我們身上的苦難和折磨，一定都是不好的嗎？

船如果想在海中穩住不搖晃，就需要負載一定的重量。而船越大，需要負載的重量越多。大家之所以遇到許多苦難與挫折，就是因為我們的船想變得更大。不需要為此難過，這反而是值得祝福的事。

抱有下列七個心態，能幫助大家在面臨苦難時，維持平穩的心態，撐過那段考驗時期，繼續順利的航行：

1. 不要對抗困境，享受它！
2. 痛苦是支撐我們的重要資產。
3. 只要確信是自己想走的路，就不要擔憂。
4. 心平氣和能讓你過好每一天。
5. 別總問：「為什麼是我？」
6. 不要抗拒壞事或硬碰硬。
7. 當下能做的事，要全力以赴。

在痛苦中享受平靜、責難中堅守信念，過好每一天，一定會成功，只要相信並等待，就能實現我們期望的事物。**享受讀書，教室就是天堂；厭惡讀書，教室就是地獄**。學會享受它，那麼所有空間，都能變成天堂。

給你一句狠話

「真理就如獅子；你無須捍衛它。釋放它，令它自由，真理將會捍衛自己。」

——羅馬帝國神學家／希波的奧古斯丁（Aurelius Augustinus）

10 任何事重複一百次，都能變武器

認真讀書的人，知道時間的價值，所以不論面對任何考試都不會害怕、擔心。因為對他們來說，**試驗不是錯了什麼，而是檢視自己學會什麼**。遇事時，我們是看最壞的部分，還是看其中的真正涵義。

如果光盯著不會的部分，考試會漸漸變成最厭惡的存在，然後不知不覺脫口說出「真討厭考試」或者「真希望這個世界沒有測驗」之類的話。

但如果換個角度想，將試驗視為檢視自己學習成果的工具，便能坦然面對，大家不妨轉換成下列心態：

1. 考試是新的開始，幫助我們看清未來方向。
2. 考試不是路的終點，只是必經過程之一。
3. 從試驗中找到自己不會的，反而能成為一個新起點，幫助自己找到新的可能性。
4. 試驗這個舞臺，是能展現自己所學的機會。

當你抱有這樣的想法，之後不論面對再怎麼重要的考試，都不必害怕擔心，反而能以正面態度來面對，而且也能享受其過程，就像遊戲般，人生的各種試驗也是如此。

換個想法，就能以正向的心態面對人生，享受生活中的試驗。**任何事只要重複一百次，都能變武器**，這時需要的就是試驗。嘗試一百次，也是通過一百次試驗的證據。透過這樣的過程，讓我們成為更好的自己。

給你一句狠話

「未經檢視考驗的人生，沒有活著的價值。」

——古希臘哲學家／蘇格拉底（Socrates）

11 同理他人的價值

在比賽或競技中，對手做了無禮的行為，或走路時被路人撞到肩膀，對方卻像沒發生任何事般逕自離開時，我都不會生氣。理由相當簡單，因為不管我再怎麼不悅，對方都不會知道。他已經離開，若我還留在原地生氣罵人，只會浪費自己的時間和生命。

而且，越氣只會讓自己的心情越糟。

當然，人生在世一定有委屈到想發怒的時候，但請大家不要忘記，生氣會讓所有憤怒與痛苦再次回到自己身上。聰明的人會對自己說下列的話，讓不愉快的瞬間快快過去：

1. 難免會發生這種事。
2. 他可能碰到什麼事！
3. 可能有急事吧！

情有可原，這種想法表現出體貼、同理他人的價值。而最重要的是，這句話能安撫自己的心情。常說這句話的人，也能幫助自己不陷入憤怒或責難等負面情緒中，因此我們要謹記這句話。

想讓自己成為大家心中的好人，就需要多方理解他人。以「難免會發生這種事」、「應該遇上難事了」、「可能有急事吧」等同理他人的話，進而讓自己靜下心並得以成長。

給你一句狠話

「困擾不是來自事件本身，而是來自人們對事件的看法。」

——古羅馬哲學家／愛比克泰德（Epictetus）

12

虛榮心是毀滅人生的利刃

「媽媽，我們班同學都穿這個，快買給我。」

「至少要擁有這個，才能凸顯出自己的品味！」

上述兩句話都源於虛榮心。虛榮的人，決不會輕易放棄到手的東西，甚至還想得到更多，最後免不了招來不幸與悲傷。不合理的情感與欲望，終將導致悲劇的結果。

人若變得虛榮，就會時刻煩惱該如何滿足欲望，最後被欲望支配，失去本心與想法並隨波逐流。而且一旦埋下虛榮心的種子，就會瞬間瘋狂生長，不將整個園子毀滅不可能結束。

讓自己快樂的方式很多，但**虛榮心卻是「愚蠢的快樂」**。明明沒有的東西，卻打腫臉充胖子，假裝自己擁有，這是因為人不肯為了得到某個東西或某種成就，付出真正的努力。令人惋惜的是，這種行為無疑是為了片刻的滿足而放棄整個人生。

如果真正擁有什麼，根本不必要向全世界證明或炫耀。我們得確實區分這些到底是欲望還是目標。因為擁有堅強意志的人，將朝著目標前進；而愚蠢的人，則被虛榮心與奢侈的欲望牽著鼻子走。

如果貪心的想擁有全部，結果將一無所有。虛榮心與奢侈都不是明智之舉，皆會毀掉一個人的人品與人生。只有知道自己想要什麼，明確訂下目標並努力，才能過好每一天。

給你一句狠話

「在奢侈的生活中追求幸福，就像希望畫中的太陽能發光發熱般徒勞無功。」

——法蘭西共和皇帝／拿破崙一世（Napoléon Bonaparte）

13 朗讀能讓人心生希望

「被老師罵了，今天真衰。」

「今天怎麼一路遇到紅燈，真倒楣！」

人難免會遇到一整天不順心的時候。該如何面對這種情況？難道要不斷自責且碎念嗎？然而這麼做，接下來可能會更不順利。

我們可以試著朗讀下列十句話，慢慢轉變心情：

1. 應該有好事即將發生。

2. 這只是過程，一切都是為了更好的結果。
3. 哪有什麼不順啊！
4. 萬事起頭難，一切都會變好。
5. 相信自己能做到，果然能做到。
6. 只不過是一次小失敗而已。
7. 不是錯了，而是找到該更努力學習的地方。
8. 我的心情由我主宰。
9. 未來一定會如我所願。
10. 永不放棄繼續向前走，終將抵達目的地。

偶爾會遇到有些人將我們的夢想批評得一文不值，當下會感覺天塌下來，失去所有希望。這時，只要想著那些隨意批評，且心懷惡意中傷我們的人，只不過在證明他們的無能而已。批評和惡毒的言語，最終會回到他們自己身上，因此不需要放在心上。堅持自己的路，就能看到成果。

聰明人不須誇耀自己的學識，真相不須虛假的包裝。本來就是金子的話，就不需要再塗上金箔。不論怎麼不順，世上對我們有多少惡意，都不會動搖、焦躁。因為，**我堅定的信任我自己**。

給你一句狠話

「大盈若沖，其用不窮。大直若屈，大巧若拙，大辯若訥。」

——中國哲學家／老子

第 2 章

你不需要
獲得所有人認同

1　愛所有人，信任少數人，不負任何人

「你跟我真合拍！」

「你怎麼跟我想的都一樣！」

人生在世，遇到知己時，會覺得很幸福。但這樣的心有靈犀，真的是偶然或命運嗎？

我認為真相是不論年齡，兩人相交覺得心意相通時，肯定是一方在配合另一方；若覺得跟一個人很有話聊，一定是其中一人扮演傾聽角色。

大家不妨想想，我們活到現在，認識了幾位心意相通的人？如連續劇

裡的靈魂伴侶，其實現實生活中並不常見。就像每個蛤蜊的紋路都不盡相同，人與人之間，想找到一個總是能懂我們、了解自己想法的人，其實非常困難。

莎士比亞說：「**愛所有人，信任少數人。**」也正是該緣故。雖然我們能懷著相同心意去愛每個人，但信任卻只能給予非常珍視我們的少數人。

這世上沒有所謂天生適合自己的人，也**不存在無須努力就能了解彼此的關係**。

如果身邊有讓你覺得非常有默契、談得來的朋友，請大家不要錯過這個為你創造奇蹟的人。因為他一定非常珍惜你，為了讓你幸福，而配合你，是值得令人感謝的存在。

「特地抽空來見我的人」與「有空就來見我的人」，意義完全不同。雖然所有人都很重要，但對於那些珍惜自己的人，我們要給予他們更多的愛與幸福。

給你一句狠話

「愛所有人，信任少數人，不負任何人。」

——英國戲劇家／威廉．莎士比亞（William Shakespeare）

2 友善指正我們缺點的朋友更珍貴

古希臘哲學家蘇格拉底能積累這麼多傳世智慧，是因為他能直視自己的缺點，擁有不逃避並與之抗衡的勇氣。

雖然他出生貧困家庭，但善於傾聽，包含他人對自己的指責，並透過思索，成為反省與頓悟的契機。這一點從他與弟子古希臘哲學家柏拉圖（Plato）及雅典文史學家色諾芬（Xenophon）的犀利對話中就能看出來。

大家身邊的朋友是什麼樣的人？

對我們說好話的朋友很珍貴，然而，更可貴的是能「親切指出缺點」的人。因為這需要的不是單純的勇氣，而是來自關心的勇氣。

對好朋友說出逆耳的話，真的非常困難，如果不鼓足勇氣，是無法做出這個選擇。

有這種真心好友在身邊，大家一定更能增添智慧，也因為可以改進缺點而更加成長。因此當我們身邊有能直指我們缺點的朋友，要心懷感謝，絕不要錯過，且注意不要被口蜜腹劍的朋友哄得不知天南地北。

朋友是第二個自己，自己的水平就是朋友的水平。

能心胸寬廣納百川的人，身邊不會只有甜言蜜語的朋友。真心指出我們的缺失，才是最珍貴的。因為他們給予我們改進缺點的機會，而我們也要成為這樣的朋友。

給你一句狠話

「別去想那些對你的一切所言所行都大加讚賞的人，你需要在乎的，是那些友善批評你過錯的人。」

——蘇格拉底

3 禮貌不花錢，卻能買到所有東西

有時，我們會因初次見面就提出無禮問題或行為缺乏常識的人，而影響心情。這時，難免會這樣想：

「應該要離這個人遠一點。」

「跟他在一起，好像總是我吃虧。」

「繼續跟他在一起不會有什麼好事！」

遇見無禮的人時，我就會想起一句韓國民間流傳的話：「**禮貌不花**

錢，卻能買到所有東西。」我非常感同身受，禮貌是打開所有大門的魔法鑰匙，而缺少禮貌，會瞬間失去所有信賴。

反過來說，如果在一言一行中，能感受到禮貌與尊重，就會因這些行為而心生好感，願意為對方付出。因此，我們應該學習禮貌。與他人相處時，一定要記得下列兩點：

1. 首先一定要學會禮貌，讀書是其次。要有禮貌作為基礎，才能積累所學，成為美好的內在。

2. 禮尚往來，不對他人無禮，自己也不會被無禮對待。而他人對待我的態度，決定我對待他人的態度。

良好的教養與禮貌就是最好的防禦，能抵擋無禮且惡言惡行的人。不論他人如何待我們，都能以良好的修養來守護自己。

發出惡臭的人，我們可以暫時忍耐，但無禮之人，卻連一刻也無法忍受。越有成就的人越有禮，而我們也要實踐這個真理。

給你一句狠話

「教育養成紳士，對話成就紳士，而禮儀是開啟一切之門。」

——托馬斯·富勒

4 過客相信流言，好朋友相信我

「我對他那麼好，他怎麼能這樣對我？」
「虧我這麼用心待他，真是太失望了。」
「為什麼他生日派對沒有邀請我？」

所有人都會因朋友相處問題而難過。雖然理由眾多，但請一定要記住：**「若你為了得到關心或愛而絞盡腦汁，很可能這段關係並不適合你。」**

例如，明明不喜歡，卻勉強自己做朋友喜愛的休閒活動，或不想吃某項料理，卻礙於朋友面子不得不吃。這樣的關係，真的會有好結果嗎？

我們無法、也沒必要和所有人皆維持良好關係。

如果對方不想要我們的關心和愛，再怎麼費盡心思，也只會成為對方的負擔。

當然，偶爾遇到背叛我們的朋友時，會恨不得立刻上前質問，但其實沒必要這麼做。因為**過客會相信流言，而真正的朋友則會相信我們所說。**如果只因為一點傳言就懷疑我們的人，就讓他成為生命的過客吧！

不需要花太多時間和感情在過客上。將這些精力節省下來，投注在會長久待在我們身邊的朋友，才是最有智慧的選擇。

當我們事事順遂時，可以檢視自己對待朋友的態度，相反的，當我們遇到困難時，就能知道朋友對我們的態度。不需要過度失望或期待，因為真正的好朋友，最終還是會留在我們身邊。

給你一句狠話

「順境時，朋友結識我們；逆境時，我們才了解朋友。」

——英國評論家／約翰．柯林斯（John Collins）

5 心能看到肉眼看不到的東西

到底什麼是真正的朋友？很會讀書、很會花錢的人？還是當我們遇到困難時，陪在我們身邊的人？

在我們遇到困難時，不離不棄留在我們身邊的朋友固然珍貴，但還有比此更可貴的朋友，就是當好事發生時，真心為我們高興的朋友。**悲傷時給予安慰很容易，但遇到好事時真心祝福對方，卻遠比想像中難**。因為不論再好的朋友，都免不了相互嫉妒。

大家不妨想想，當朋友考試考得比我們好時，我們能真心祝賀他嗎？

「我明明比較用功！」

「他只是運氣好！」

不少人會像這樣說出充滿嫉妒的言語。但真正的好友卻能放下嫉妒心，拿出美好的心意來給予祝福。

「恭喜你！我就知道你能做到！」

「真不愧是你，超級厲害。」

「我也要跟你一樣努力！」

想找到一個真正對我們好的朋友，而非跟大家都好的人，必須看穿人心。當我們發生好事時，仔細觀察朋友說的話和表情，就能了解從來沒注意過的事——心意。透過心意，可以清楚知道朋友平常如何看待我們。換句話說，心能幫我們看到肉眼看不到的東西。

若想找到真正的朋友，而非表面上跟大家都相處很好的人，發生好事時，仔細觀察朋友的言語與表情，就能透過心，了解他們的真實心意。

給你一句狠話

「對誰都是朋友，實質對誰都不是朋友。」

——古希臘哲學家／亞里斯多德（Aristotle）

6 想法和表達，會成為習慣

人與人相距遙遠就無法相互影響，所以說「見面三分情」。歌德說：「……有那麼一個人……也有著相同的想法與感受，地球就成了有生命的庭園。」藉由見面，才能建立如歌德所說有生命力的花園。若無法在庭園中生根，就無法茁壯成大樹、成為庭園，傳達存在的香氣。

如果希望能以彼此的香氣來締結美好緣分，需要銘記下列七個建議。大家可以利用朗讀與抄寫，將其刻入腦中。

1. 一模一樣的話，有些人會故意說得難聽，不要和這種人在一起，雖然不會立刻受到影響，但這些不好的「氣味」會留存在心中。

2. 即使身處相同情況，有人能簡單明瞭的說明優點與驚喜之處。請多跟這種人相處，這樣我們很快就能擁有那樣的能力。

3. 習慣將難聽的話包裝成建議的人，他們可能根本毫不在乎你。

4. 多結識情緒穩定、不太波動的人，因為世上最強大的人，不是大聲嚷嚷自己多強，而是安靜且善於忍耐。

5. 「這只是小問題！」、「你太在乎這些小事了！」遠離這些閒視所有事的人，**人的想法與表達會成為習慣**，而習慣絕非微不足道的小事。

6. 雖然人難免自私，但最好還是避開凡事自私的人。因為一旦受他們影響，而變得自私自利的人，便不懂得寬容，讓我們漸漸失去善良。

7. 比精彩演講偉大的，是樹立優秀榜樣。而比起華麗的言語，行為正直更能證明一個人的價值。行動代替言語的人，可以與之相處一輩子。

我們所住的心之庭園，裡面要充滿說話體貼且動人的人。而庭園中的我們，相互鼓勵、一起成長。

給你一句狠話

「如果只想著山、江與都市，地球就僅是個虛無的地方，但只要知道有那麼一個人，即使與我們相隔千里，也有著相同的想法與感受，地球就成了有生命的庭園。」

——約翰・沃夫岡・馮・歌德

7 如何面對暗地詆毀我們的人？

不論在教室、補習班或網路上，一定會有人偷偷攻擊我們。一些根本無關緊要的小事也被放大檢視，並加油添醋的攻擊。

發生這種事情讓人越想心情越不好，這種人為了想維持自己的聰明形象，並靠貶低他人來滿足心中欲望，所以總是把話說得冠冕堂皇。

該如何對付這種人？答案是完全置之不理。我相信很多人被言語或文字攻擊時，一定會想立刻回擊。但當你做出回應，一整天將被搞砸。

如果是網路上的攻擊，不要做出任何回應；若是無法置之不理的現實生活場合，就簡單回應「那樣啊！」、「是嗎？」，並立刻忘掉這些事情，關鍵是趕快脫離這個人製造的惡臭空間。當有人打擊、說些讓我們心情不好的話，最好的對策就是不理他。雖然可以與之抗衡或反駁，但我們的每一天都很珍貴，不需要浪費精力在這些事情上。

給你一句狠話

「所有情況都有兩個把手，一個讓你撐下去，另一個讓你放棄。」

——愛比克泰德

8 孤獨是強大者的特權

「怎麼朋友這麼少？」
「我也想成為受歡迎的人！」
「我到底哪裡有問題？」

情緒開始漸漸敏感的青春期，很容易有這樣的煩惱。只要仔細想想。
就能發現這個煩惱的根本問題有三種：

1. 覺得應該要有很多朋友的強迫症。

2. 應該改變自己的錯覺。
3. 總覺得錯在自己的迷思。

這樣的強迫症、錯覺與迷思是從哪裡來的？很簡單，就是害怕被獨自留下的心情。

我在青春期時也曾有過這種想法，所以能理解。很多人都害怕被獨自留下，但反過來想，就能發現這個事實——如果能享受大家都害怕的「被獨自留下」，就能昇華到無人能抵達的境界。

德國哲學家叔本華（Schopenhauer）曾說：「孤獨是擁有偉大精神者的特權。」大家不妨試試看，只要相信自己，一定能享受孤獨。

被獨自留下很可怕。但**獨處時也能堅強的人，才得以在握住對方的手時，相互給予對方力量**。

給你一句狠話

「人類交際的原因不是因為喜歡，而是害怕被獨自留下。孤獨是擁有強大精神者的特權。」

——叔本華

9 不要隨便相信任何人

大家如何看待「不要隨便信任何人」這句話？我相信有各種看法，但結論不會有太大差異：別輕信他人。小心駛得萬年船，免得他日後悔。

不過，我的看法不同，我認為即使相信一個人很困難，我們還是要慢慢的付出真心並相信他人。現在大家高喊別隨便相信任何人，其實代表自己認為人都難以信任。為什麼？當遇見因輕信他人而遭背叛的人時，我們通常會覺得受害者太單純，或認為他很容易信任他人。但其實並非如此，容易相信他人，並不代表就是好人，反而有以下六個問題：

1. 總是沒深入思考，就輕率下判斷。
2. 認為好的就是好的，不多加細究。
3. 猶豫不決，難以決斷。
4. 沒有人生原則。
5. 認為對方不重要。
6. 不知道思考的價值。

結論是輕信他人，其實就是把他人想得簡單，並輕慢對待的證據。極端來說，這樣的人會覺得遭受背叛不該被責難。

不要輕信任何人。就像英國哲學家羅傑・培根（Roger Bacon）強調，即使很困難，但從現在起，我們還是要一步一步的付出真心、相信他人。

如果對方對自己來說很珍貴，更該排除萬難的付出真心，堅持相信對方。這才是有智慧的人以誠相待的處事風範。為了能真誠待人，我們需要學習觀察，相處過程也會更加充實。

雙眼能看到的結果固然值得喜悅，然而眼睛看不見的結果更加美麗。我們要一直慢慢的朝著這個方向前進，並尋找這些看不見的真心誠意。

給你一句狠話

「一個人失去信任，又該憑藉什麼而活呢？」

——羅傑・培根

10 對事不對人，就不會被騙

1. 如果不是真正的好朋友，不必費心交往。
2. 因寂寞去結識人，那人會讓你更寂寞。
3. 身處幸福狀態下認識的朋友，能使你幸福。
4. 因無聊而交往的人，總有一天會讓你懷念無聊的時光。
5. 與其認識水準低的人，倒不如承受寂寞。
6. 結識比自己優秀的人，近朱者赤，近墨者黑。
7. 為了成為一個更好的人，我們總需要獨自努力。
8. 想認識比自己更好的人，是人的天性。

9. 你朋友是怎樣的人，你就是怎樣的人。

10. 再壞的人也有不凡的才能，因此要培養眼光，從這類人中挖寶。

11. **如果常遭背叛或身邊充斥著奇怪的人，請先回頭審視自己。**

12. 人生就是我們獨自創作出的作品。

13. 曠世巨作還是爛尾作品，都取決於自己。

人生在世，關於緣分與人際關係的判斷相當重要，因為我們每天都會與許多人相遇。但請大家細讀並牢記這十三個準則，並將下面這一段話寫下來，就能更明確的定下準則：

「對事不對人，就不會被騙。我們要思考什麼是對的，而非誰是對的。專注在『什麼』，才能有智慧的判斷。」

給你一句狠話

「一個有知識的人不僅有能力愛自己的敵人，更能恨自己的朋友。」

——德國哲學家／弗里德里希．尼采（Friedrich Nietzsche）

11 改變想法，即改變人生

「我們家怎麼這麼小。」
「太丟臉了，我都不敢邀請朋友來家裡。」
「窮到買不起自己想要的東西了。」

我們常聽到上述這三句話，大家想的都沒錯，貧窮的確讓人難受，這是因為人們認為只要有錢就天下無難事。但是，人為什麼擁有知性？人類和動物不同，是因為可以給予生活環境新定義。

貧窮也是如此。即使生活在一樣的環境，有人心滿意足且滿懷希望，但也有人總是不滿與嫌惡。

大家又是怎麼想的？

貧窮無法自行下定義。當大家覺得沒錢時，貧窮就與自己同在。如果只是一味追求自己現在無法擁有的東西，就會一無所有，反之，如果能珍視並滿足於自己擁有的事物，就會覺得自己很富足。

想法影響自己看待事物的觀點，而自身觀點決定了自己的生存環境。

如果不改變想法，即使改變環境，生活也不會有所變化。以正向想法來看待這個世界，生活環境也會越來越好。

給你一句狠話

「貧窮存在於你覺得貧窮的地方。」

——美國哲學家／拉爾夫．沃爾多．愛默生

（Ralph Waldo Emerson）

12 寫著寫著，想法就會改變

美國小說家安布羅斯・比爾斯（Ambrose Bierce）說：「這本書的封面與內容差太多了。」這句話到底是什麼意思？

截至目前為止，我寫了約一百本書。大家認為寫一本書，最後才寫的內容是什麼？

後記或感謝？不是，我最後寫的是前言。一開始雖然會先簡單寫下前言然後進入內文，但最後會回頭修潤前言。為什麼？

因為寫著寫著，我的想法也會改變，換句話說，就是「成長」。

剛開始可能覺得自己當下想法是對的，但是書寫到最後，因為從中成長，又產生完全不同的看法，所以不得不重新修改前言。

能使作者和讀者都一起改變的好書，大部分都這樣完成。好的人生亦是如此。縮小範圍的話是白天和晚上，放大則是去年和今年，開始改變就代表正在邁向更好的人生。

如果大家想過上更好的生活，請朗讀並抄寫下來，並詢問自己下列三個問題：

1. 我的今天與昨天有何不同？
2. 我今天是否全力以赴？
3. 我想對明天的自己說些什麼？

人生就是在不斷反覆的經驗中，成就自己。

給你一句狠話

「這本書的封面與內容差太多了。」

——安布羅斯．比爾斯

13 世上本就沒有理當如此的事物

有些人看我的文章時，會因我太過斬釘截鐵的論調，而覺得不舒服。或許不只是讀我的文章，日常生活中也可能會碰到類似情況。為什麼？因為有人明確斷然的主張某觀念。這時候，大家就會這樣批評或反駁：

1. 這樣不會太主觀嗎？
2. 不全是那樣吧！
3. 我就不是那樣啊。

大家因為害怕遭受這樣的批評或反駁，所以在發出貼文前寫了又刪，或將文章設為不公開。但其實沒有必要，現在我一一分析上述批評。

1. 這樣不會太主觀嗎？↓不然得寫更客觀才行嗎？文章本來就因主觀才更耀眼，我的想法只有我自己才懂。
2. 不全是那樣吧！↓這世上本來就沒有「一定如此」的事物，所以我才將我的所有感受寫下來。
3. 我就不是那樣啊。↓現在不妨認真的把你遇到的情況寫下來，就像我一樣。

如德國哲學家伊曼努爾・康德（Immanuel Kant）所言，人類是自由的存在，文章只是我寫下自身想法與心情，我的想法僅是我的想法，而我的心情沒有對錯。所以不需要擔心其他人怎麼想，寫下來就對了，因為越寫就會越成長。

給你一句狠話

「人是自由的存在，須以自己的想法自立。所有人均有權力自由思考，表達這個世界。」

——伊曼努爾．康德

14 意志明確的人會戰勝所有批判

「你擅長什麼？」

當有人這樣問起，而我們詳細回答，對方一定會覺得我們不謙虛。但如果不回答，對方又會認為我們沒有自信。不管怎麼回覆，都免不了招來誤會。

我相信大家應該都有過這樣百口莫辯的經驗。這個世界上，不論我們怎麼說都會有人誤會，但也會有人相信我們。

最重要的是，不論是什麼情況，結果都不是我們能掌控的。

我們都害怕被批評，蒙受損失。

但如果過於恐懼，任何事都無法開始。人生的價值不在於不被批評，而是即使如此，仍勇往直前。

所以不要在意閒言閒語，只要自信的將自己所想展現出來即可。雖然我們無法決定結果，但是可以主導開始與過程，而價值自在其中。

意志明確且真實的人，會戰勝所有批判。即使他人在我們身後放箭，依然會勇往直前，而箭矢掉落的地方，我們已經不在。

給你一句狠話

「不想被批評很簡單，什麼都別說、別做、什麼都不是。人生最終價值在於覺醒和思考的能力，而不只在於生存。」

——亞里斯多德

第 3 章

致為了做好，比任何人都認真的你

1 比起昨天，我又更靠近夢想

「我最近對這個很感興趣。」

大家是否曾因為這類理由而開始做一件事，卻中途放棄？為什麼？

答案就是「興趣」和「信念」的差異。

大多數人在興趣被人反對時，就會放棄，而秉持信念開始的事情，卻不會輕易棄置，並且堅持到最後。不論是什麼領域的夢想，都需經過三個階段才能實現。

第一個階段是被輕視。因他人認為你做某事不可能實現，所以質疑

「你做得到嗎？」

第二個階段是被反對。身邊的人會說「有必要做那個嗎？」，這時反對理由絕不是因為你的夢想不切實際，而是因為太厲害，所以不希望看到你成功。

最後一個階段則是辯解，在你即將實現夢想時，他們就會開始不停找藉口說：「因為是你才有可能成功，我的環境不允許我這樣追求夢想，所以我辦不到。」

不管周圍的人說什麼，如果你珍視自己的夢想，就勇往直前。

其他人不過是害怕你實現夢想後，只有他們還可悲的留在原地，所以才拚命勸退你。

但當你拚盡全力，夢想成真時，相信這些鄙視且反對的人，會比任何人更快到你身邊，溫聲細語的說：「我就知道你做得到，我從一開始就相信你能實現夢想。」

不知道現在大家身邊，是否有人輕視且批評你夢想的人？不必難過，這反而是值得高興的事，因為這恰恰映證你的夢想是最棒的。現在好好的想像夢想成真的那刻，然後全力以赴。實現夢想就能改變一切現實。所以大家更要過好每一天。

以我來說，我不會不顧一切賭上性命。

但我會賭上我的日常，因為性命只能賭一次，但是你能每天全力以赴，**比起昨天，我又更靠近夢想**。

給你一句狠話

「一個有信念的人，相當於九十九個僅僅有興趣的人。」

——英國哲學家／約翰·斯圖爾特·密爾（John Stuart Mill）

2 世上最理想的投資

大家應該都聽過ChatGPT這個系統，會不會因此對未來感到擔憂？還是漠不關心？這世界上有三種人，活在必須與ChatGPT競爭的時代：

1. 非專家。因為他們只將看到、聽到的學起來後，記在腦中。
2. 專家。因為他們將腦中的東西，以語言或文章表達出來。
3. 藝術家。他們能運用所學來說明自己的創作理念。

只要能將所見所聞寫成文章，並說明創作理由，人人都能成為藝術家，自然能過得一年比一年好。事實上，生活變好的祕訣，就是「每年增加一〇%的寫作量」。

大家可以試著運用下列五點，每天堅持不懈的寫文章，就不用擔心未來，也能漸漸活得比過去還要好。

1. 每天寫十頁。
2. 事無巨細，一一寫下。
3. 每年須增加一〇%的書寫量。
4. 若偶爾不適，不要勉強，少寫也不用太在意。
5. 結論是每年一定要增加一〇%書寫量。

我就是靠上述方式，持續增加寫作量，甚至，我不是每天寫十頁，而是寫超過五十頁。於是漸漸達到了大家會驚呼「怎麼可能？」的水準。當然，我不是整天光寫文章，就算是沒寫作的日子，我的每一天也相當忙碌。無法按訂下的進度來寫作的理由很多，但我還是每天努力克服這些理由，抽出時間寫作，達成每年增量一〇%的目標。

只要跟我一樣，從現在開始寫作，每天寫十頁就好，相信很快就能達到目標。祝福大家能更有所成，成為在ChatGPT的時代也獨領風騷的人。

世上最理想的投資，就是投資自己，讓自己變得更好，因為人們不會騙自己。每年我們都要有所成長，只要信任自己並勇於實踐，人人都能實現更好的自己。

給你一句狠話

「到底該往何處走？那裡會不會是他人的路？前路難行的原因就在此。你就走你的路吧，那樣就能抵達遠方。」

——德國－瑞士詩人／赫曼・赫塞（Hermann Hesse）

3 為什麼新想法總是不被接受？

「這個好像做起來不太容易。」
「你真的覺得能行嗎？」
「如果那麼簡單，早就有人成功了！」

若你曾遭受這樣懷疑、嘲弄或者是反對，不要覺得難過，我反而要恭喜你。因為這是成長的證據。

當你把想法說出口或寫下來時，如果有人嘻笑或反對，就表示我們做的事情非常新穎，人們無法理解。這不是誰的錯，所有新事物都會經歷這個過程。

大家不妨這樣想，這世界上所有偉大的事物，都是名為「創造力」這棵大樹結出的果實。我們得戰勝周圍的反對，堅持自己的想法，才能結出美麗的果實。

所以，聽到他人質疑「你真的做得到嗎？」，不要懷疑自己，也不要放棄，一定要堅持到最後。

總有一天，你的想法終將成真，且被大眾接受。

遭遇反對是體現新事物的證據，相信自己的想法有價值，只要不放棄，想法也不會放棄你。

給你一句狠話

「所有的真理都要經過三個階段，被嘲笑、激烈的反對，最後被理所當然的接受。」

——叔本華

4　所有嘗試都熾熱、真實且美好

「那個誰做不到啊？你只是運氣好而已。」

看到他人達成某事或獲得成就時，你是否曾經說過這樣的話？或許你可能還有這類經驗：最近就在批判某人；雖然跟某人不熟，但就是莫名討厭他？

請大家一定要記得，凡是自己曾為了達到某目標而全力以赴的人，不會批判那些為自己夢想努力的人。因為只有親身走過這一遭，才知道這是多麼珍貴且不易的事。

同樣的，如果大家曾熱烈的愛一個人，就不該毫無理由討厭一個人。我們憑藉經驗，才知道這是多麼珍貴且有價值的事。因此，**無緣無故批判或討厭一個人，只會證明自己能力有限而已**。

法國雕塑家奧古斯特・羅丹（Auguste Rodin）提及經驗的價值，理由就在此。我們只能理解自己的經歷，但如果能懷抱希望、感動與愛來生活，不僅能體驗生命中許多新事物，同時還能善用經驗。

雖然偶爾有些人會批判自己「像個垃圾」，但他們從沒仔細想過，世上所有的垃圾，都曾在某個地方徹底發揮它的用途。

也就是說，它們都曾在某個時刻熱烈燃燒自己的生命，所以請不要隨意批判或看輕自己。

給你一句狠話

「你若能善用經驗，沒有一件事會浪費時間。重要的是懷抱希望、感動與愛而活。」

——奧古斯特·羅丹

5 抹去條件，抹去煩惱

「人到底為什麼要讀書？」

「真不想去補習班。」

「他為什麼總是那麼不耐煩？」

「我們家的氣氛為什麼這樣？」

人會有這麼多煩惱，是因為我們都希望今天能過得比昨天更好。這是很棒的想法！為此，我們需要做什麼？就是抹去條件。

1. 把書讀得好的條件。
2. 結識好朋友的條件。
3. 組成幸福家庭的條件。

只要自己真的想做好，光有這份心就足夠。如果在腦中不斷評估「我是不是能力不足？」、「我符合這個標準嗎？」，只會讓自己陷入更深的煩惱中。

請記住下面的話並銘記於心，如此便能遠離這些麻煩：

只要有想做好的心就足夠，最好從腦中抹去上述這些問題。因為想做好的心能戰勝一切。想讀好書、擁有好朋友與幸福美滿的家庭，比起討論需要具備什麼條件，不如將時間投資在自己身上，讓自己成為能擁有這一切的人。

給你一句狠話

「別再浪費時間爭論怎樣才是好人，自己先成為好人。」

——馬可．奧理略

6 做你畏懼的事，就能克服畏懼

「那人為什麼總好事連連？」

「為什麼只有我這麼倒楣？」

「真奇怪，那人好像做什麼都很順利。」

為什麼會這麼想？難道真的只有自己的運氣差？

如果人生總是事事順遂、心想事成，要不是假象，就僅是個過程。

心想事成這個詞，重點在強調想法的重要性，換句話說，自己的想法才最重要。這世界上，沒有什麼能戰勝思想。

人類能實現自己所想。但無法實現或認為生活不順時，是因為我們想像不到或無法以文字表達？

愛默生說：「做你所畏懼的事，就能克服畏懼。」為什麼要勸大家做畏懼的事？雖然開始行動時，會感到生疏、害怕與寂寞，不過一旦著手，就能從中理解原理，並創造價值。成功後，就能見到完全不同的世界。因為我們看待事物與周遭情況的想法，也會隨之改變。

這裡為大家介紹最能體驗思想價值的七句話，這些話能成為各位的力量，幫助大家在最辛苦的時刻撐下去，請朗讀後寫下來，並熟記於心：

1. 只要我開始行動，萬事皆有可能。
2. 最美好的瞬間終將到來。
3. 雖然陌生，還是挑戰看看！
4. 一切的價值由我決定！

5. 總會有不同視角能看待這件事。
6. 就算是一樣的事，我也會做得跟別人不一樣。
7. 一定有更好的方法。

給你一句狠話

「做你所畏懼的事，就能克服畏懼。」

——拉爾夫．沃爾多．愛默生

7 卓越，不是完美而是全力以赴

「我想成為那樣閃閃發光的人。」

「我也想像那人一樣，站在世界的舞臺上，過著精彩人生。」

人們都會嚮往取得成功且光鮮亮麗的人。好像只要照著他們說的做，就能成功。不過大家要記住，在各領域的戰爭中，凡有勝利者，就必有失敗者，只不過世俗不在意失敗者的聲音而已。

他們有張良計，我也自有過牆梯（按：指當面對同一事情但不同立場時，雙方都有妙法令，誰也不被比下去）。雖然應該聆聽並參考前輩的建議，但選擇與決定仍是我們自己的責任。

不過請不要忘記這個殘酷的事實，勝利的人一定有幸運之處，而這些運氣幫助他成功，但我們不見得有這類機運。所以想成功，就得打造一個實力堅強的自己，讓自己即使沒有運氣也依然能實現所想。想憑實力成功而非運氣，就需要超越眼睛能看到的。

所謂卓越就是竭盡全力。人生，不需要成為最棒的那一個，但要全力以赴。

如果你已經盡了全力，就不需要擔心失敗。

因為對全力以赴的人來說，自有屬於他們的幸運。今日的全力以赴，就是為明天做的最佳準備。以我來說，我不是為了得到認可而工作，而是要過著值得被認可的人生。

給你一句狠話

「力求卓越，而非完美。」

——美國作家／小傑克森·布朗（H. Jackson Brown Jr.）

8 熱情不是用來高喊，而是澆灌

針對行動，請記住以下七點：

1. 不要感嘆時光的流逝，像時間一樣，持續不停的往前走。
2. 世上不存在完美的時間與場合，現在就起身行動！
3. 猶豫不決的人，會高喊著自由、平等與正義，但真正開始行動的人，則什麼都不會說。
4. 堅持完美的開頭並沒有任何意義，唯有你開始行動，事情才會漸漸變得完美。

5. 有始有終，是世上最幸福的人。

6. 自己走出第一步，就能掌控主動權並創造想要的結果，錯過時機則只能妥協，根據當下情況做選擇。

7. 不是所有事情的開始都一樣，請傾注全力後再瀟灑離去。**熱情不是用來高喊，而是應予以澆灌**。

不想走的人，就算告訴他哪條道路，也不會起身行動。決定要踏上這條路的人，就算沒路也會自己開出一條路。這一條新的路，就是人生中獨一無二的藝術品。

給你一句狠話

「為了看到光，我們最應該全神貫注的時間，是最黑暗的瞬間。」

——亞里斯多德

9 時間是平等且重要資產

「唉……又是令人厭煩的一天。」
「爸媽又在嘮叨了，好煩。」
「今天又是辛苦的一天，真不想起床。」

大家一早起床，腦中浮現的第一個念頭是什麼？如果一睜開眼睛就抱持上述這些想法，通常不會發生什麼好事，且心情異常沉重。到了晚上更是精疲力盡，感覺一整天都處在負面氛圍中。

美國詩人卡爾・桑德堡（Carl Sandburg）說：「時間是你人生中唯一

的錢幣，只有你能決定將怎麼使用。」人們會沉浸在負面氛圍，是因為沒有好好使用這枚錢幣。

人生本來就不公平。起跑點不公平，過程與結果也是。但如果將公平作為評斷這世界的唯一標準，就什麼事都做不了。所以，我們應該重視時間，因為時間才是人人平等的重要資產。所以請大家一早醒來，用最溫和的聲音對自己說美好的話：

「今天的陽光真棒！」
「期待今天會發生什麼好事！」
「趕快起床，開始愉快的一天！」

對自己說這些話，你的一天將完全改變，也能善用時間這個零錢。

一天二十四小時，一小時有數千秒。即使在這個瞬間，都能做些什麼。因為時間這個資產，只要不放棄自己，它就永遠站在你這邊。

給你一句狠話

「時間是你人生中唯一的錢幣，只有你能決定將怎麼使用，要小心，以免其他人替你使用。」

——卡爾．桑德堡

10 緩慢的進展也是進展

網紅（influencer），指在各種社交媒體上擁有數萬名粉絲，具有影響力的指標。我知道這世上最帥氣的網紅是誰，大家猜他的粉絲有多少？我個人經營的社群媒體約有四十萬名粉絲，或許有些人會想，如果是我認可的網紅，粉絲數應該會比我多。

並非如此。他的粉絲數只有一千名左右。既然如此，為什麼我會稱他為「最帥氣的網紅」？

因為他每天寫文章並上傳。不在乎身邊的人是否看過或按讚，他仍不斷的寫，即使生病、疲累、寂寞。開頭說過網紅是指有影響力的人，他就是對自己行使最大影響力的人，所以我才說他是這世上最帥氣的網紅。

我現在已經三十幾歲，已寫作三十年了。換句話說，我已經自問自答了三十年。只有不斷寫作，才能一直進步。那些不寫作的歲月並不是我的人生。寫了卻沒有留住，那麼我度過的時間，就這樣消逝。

但是，這不代表我沒寫作的日子沒有任何價值。我認為那些時光，是我為了寫作的準備時間。

我一直反覆強調書寫，因為它是件很棒的事。大家不妨從現在開始也一起動筆，並從中感受新的人生，進而讓它放大對自己的影響。如果不想活成一個滿臉皺紋的零歲小孩，現在就開始過上書寫人生吧！

從現在開始，記錄自己的每一天，緊緊抓住這一個瞬間。直到記得自己度過的每一刻，並且每一天都能有一點進展。

給你一句狠話

「緩慢的進展也是進展。就算要花一點時間，比起立刻理解，詢問更重要。」

——古希臘哲學家／畢達哥拉斯（Pythagoras）

11 人會朝著反覆聽到的話成長

世界級現代美術巨擘巴勃羅・畢卡索（Pablo Picasso）曾說：「小時候媽媽對我說：『你如果當兵一定會成為將軍；如果當修道士，一定會成為教皇。』不過，我當了畫家，然後成為『畢卡索』。」

他用了非常棒的話語來描述自己，如同他的畫作般。雖然一般人都把重點放在後半句，但請不要忽略前半句傳遞的重要訊息，就是他從媽媽那裡反覆聽到的「軍人與將軍」、「修道士與教皇」，正因這些話，才能賦予「畫家與畢卡索」這個詞的力量。

畢卡索母親從他小時候就不斷培養畢卡索的語言極限。將軍與教皇不純指最高地位。只要深知語言力量的人都能理解，這句話的意思是：「不管你做什麼，一定能與眾不同。」也託她的福，畢卡索不只是成為一位厲害的畫家，而是成為代表二十世紀現代美術的「立體主義開創者」。

奧地利哲學家路德維希・維根斯坦（Ludwig Wittgenstein）說：「**我的語言極限在哪裡，我的世界就到哪裡。**」簡單來說，個人對事物的理解程度會受限於思考水準，對語言的理解亦是。

我希望大家都能深入體會這句話的意思，因為這句話很值得花心思與時間去理解。請大家不斷朗讀下列文字並寫下來，相信你也能慢慢理解其中的精髓。

常聽到什麼話，就會成為什麼樣的人，所以我們要對自己說美好且溫暖的話語，今天對自己說的話，將養成未來的自我。

給你一句狠話

「我的語言極限在哪裡，我的世界就到哪裡。」

——路德維希・維根斯坦

12 與其無意義為別人鼓掌百年，不如為自己加油一秒

「唉，什麼都不想做。」
「不想去上學，怎麼辦？」
「連出門見朋友都覺得好煩。」

我相信人一定會有只想隨意躺在床上，什麼都不想做的時候。而懷抱夢想的人，最須注意的就是這種無力感。如果突然出現這樣懶洋洋、什麼都不想做的感覺，最好盡快脫離令人厭煩的日常。

想擺脫無力的時光，最重要的就是撥時間好好愛自己，要感受對自己

的愛。人生在世，我們能遇見一個人並愛上他，可謂奇蹟，但更大的奇蹟是遇見自己。

或許，我們與他人的相愛有一天會結束，但對自己的愛，卻是一場永遠不會結束的美麗羅曼史。所以請一定要每天對自己說些能讓心變美好、光想到都忍不住嘴角上揚的言語。

1. 我愛我自己。
2. 不管誰說什麼，我都相信自己有無限可能。
3. 我就是最棒的。

請對這世上最珍貴的自己，說最美好的話語。**與其為他人鼓掌一百年，不如認真為自己鼓掌一秒**，珍惜自己的每一天，今天才能比昨天更加耀眼。

給你一句狠話

「愛是給自己最好的禮物。」

——法國劇作家／尚・阿諾伊（Jean Anouilh）

13 先站穩，才跑得遠

所謂**夢想，其實是等待的藝術**。那麼等待又意味著什麼？是一種信任，相信自己終將實現夢想。如果想撐過這段難熬的時光，就需要下列五種人生態度：

1. 不要思考太多，開始行動自然會駕輕就熟。深入行動是實踐後的禮物，但煩惱的時間卻不會給予我們任何東西。

2. 物以類聚、人以群分才是真理。如果周邊充斥著謾罵自己的人，就是在辱罵自己。如果身邊充滿稱讚自己的朋友，就是在稱讚自己。

3. 不要想得太殘酷。正面思考是相當珍貴的資產。請相信自己可以做到。因為**你要站得穩，才能跑得遠**。

4. 想全力以赴的心意最美麗，但不必每分每秒都嚴陣以待。過度執著，反而無法創造美好的人生。

5. 任何人都有屬於自己的時機。只要等待，就會到來。不要著急，著急只會讓自己心累。

害怕失敗，是因為理解不足，深入理解後，自然不會那麼害怕。夢想也是，越思考越了解，熟悉後就不會害怕。請大家秉持上述人生態度，並在覺得辛苦時，朗讀或回想下列句子，相信你會更有信心堅持下去。

屬於「我」的時刻一定會到來。只要持續努力並等待就行。就算挑戰十次都失敗，再挑戰一次就可以。只要不走回頭路，人生一定會給予自己機會。

給你一句狠話

「再偉大的書，也有無聊的篇章；再精彩的人生，也有乏味的時候。」

——英國哲學家／伯特蘭．羅素（Bertrand Russell）

14 主動做和勉強學，結果大不同

有次我跟一個家庭見面，孩子很認真讀書，每天補習，但成績完全沒進步，家長和孩子都很擔心。我給那個孩子一個很特別的建議，就是利用放假期間，三十天內反覆閱讀《歌德對話錄》（*Gespräche mit Goethe*）。

他在放假期間讀了十次這本書。大家認為這個孩子的生活會有什麼變化？事實上，他的日常幾乎沒有改變。他坐在同一張書桌前，寫著同一本題庫，上著同樣的補習班，結果卻不一樣了。不僅成績開始進步，內在也變得強大，甚至言語間的構詞都變得高級。這些變化是從何而來？

就是「自我主導」。

雖然在外人看來，孩子的生活相當循規蹈矩，不頂嘴也不會反抗，叫他做什麼都盡力做好。但這段時間學習的知識，站在孩子的立場，都是父母強迫他學習，而他也只是聽話照做。

不過，透過我介紹的歌德對話錄，孩子開始有了改變。我會推薦他這本書，是因為書中含有相當高的文學素養，歌德的用字遣詞相當高級，是一位一輩子為了成就更知性的自我，而不斷精練的人。

讓孩子反覆讀十次濃縮歌德一生的書，相信他也能在不知不覺間吸收並受影響。

如果大家也能抄寫本書，並反覆唸十次，我相信一定可以感受如此驚人的變化。擺脫被他人強迫或盲從，開始選擇並主導自己的人生。

同一件事，自己主動做和受他人命令而做，完全不一樣。透過書寫與朗讀，開始主導自己的人生。只要不半途而廢，一定能實現自己的夢想。

給你一句狠話

「無意識的運動不會危及身體，但是勉強學會的知識，一點點都無法留在心中。」

——柏拉圖

괴테와의 대화

第 4 章

給你一句狠話，為自己打強心針

1 別單方面付出，體貼應該是雙向的

「對朋友要貼心！」
「應該重視朋友的意見。」
「你怎麼只顧自己的想法？」

日常生活中，我們經常聽到這些話。

大家如何看待「體貼」一詞？

如果捨棄自身想法，一味把犧牲與退讓當作體貼，滿足感會漸漸降低。因為**這不是考慮到他人所做的善意，而是因顧及他人臉色而勉強做出**

的妥協。

將看臉色誤認為體貼，會讓自我逐漸消失，生活中只剩下他人。

許多人不太會分辨體貼與看人臉色之間的差異，既然如此，請記得一件事：「我的幸福與滿足要最優先考慮，不需要對所有人奉獻和犧牲。」請大家重視自己，而非他人的想法與評價。如果不能尊重、善待自己，又談何體貼他人？

不管怎樣，別讓自己太累，因為**體貼應當是雙向的**。單方面犧牲與奉獻，絕對不是善意的體貼。就算全世界都說好，但自己一定要覺得好，這樣才是好的。

給你一句狠話

「人只能依靠自己，而非他人。若無法體悟這個事實，終將一事無成。」

——法國哲學家／尚-保羅．沙特（Jean-Paul Sartre）

2 反覆做同一件事，成果出乎想像

我在過去十六年裡，每年都會讀一本歌德的書。期間幾乎沒讀其他作家的作品，而是將同一本書反覆讀三百六十五天。就這樣，我在十六年間讀了十六本歌德的書，自己寫了八十本。而且不是單一領域，而是十個領域。從這個角度來看，可以說歌德送給我十個領域與八十本書作為禮物。

偶爾我想到武術時，會想到李小龍說的話：「**不要畏懼一個人練習一萬種踢腿，而要畏懼他練習同一種踢腿一萬次。**」從他的話中可以得知，人若持續做同一件事，成果有多麼可怕。

大家聽到我分享自己的故事時，可能會懷疑：「雖然很厲害。但怎麼可能一年只看同一本書，就能累積不同領域的知識？如果只懂一種踢腿技巧，如何在比賽中獲勝？」

這個問題非常棒，所以我想反問：「我在這幾年讀了十六本書，就只能懂得一個領域的知識嗎？如果練習踢腿一萬次，那人真的到最後就只熟練一種踢腿技巧嗎？」

李小龍之所以說不怕會一萬種踢腿的人，是因為人人都能學會一萬種踢腿技巧。但若是將一種踢腿反覆練習一萬次又會如何？透過重複那一種踢腿，能自己領悟另外九千九百九十九種踢腿模式。

雖然，兩個人最終都能學會一萬種踢腿，但他們之間的決定性差異，在於其中一人僅依樣畫葫蘆，而另一人則以自己的方式領會其他技巧。

我在三百六十五天中反覆讀同一本書，有些知識是透過領悟，而有些則透過推測和觀察習得。十個領域以及八十本書，就是這樣完成的。

這就是反覆進行某一件事的可怕之處。大家不妨也像我一樣，反覆讀一本自己很喜歡的書，或不斷寫文章。相信一定能收獲意想不到的禮物。

請尋找自己相信的事物，並反覆行動。有時才能就在過程中產生，相信這個可能，並立即開始行動。大家殷殷期盼的美好未來，終將來到。

給你一句狠話

「約定不僅是言語，而須以行動來證明。」

——尚-保羅．沙特

3 孔雀不會羨慕其他孔雀的尾巴

十八世紀後期，大文豪歌德以《少年維特的煩惱》（*Die Leiden des jungen Werthers*）等世界級巨作，獲得無數人尊敬。

當時有無數讀者和出版社都要求他推出自傳，但歌德總以相同的理由拒絕：「寫過去的事情，讓我壓力太大，因為很可能會不自覺越寫越誇張，或無中生有。」

我相信大家感同深受。

因為就連寫日記時，也難免會誇大部分內容，沒想到歌德竟與我們有相同想法。但他真的沒寫自傳嗎？他幾經思索，最終還是寫了。這是因為他改變想法。

一開始，他想：「是否會誇大或無中生有？我有寫這個的資格嗎？」後來，歌德認為「原來這是我不知道的自己！我也想這樣生活。以後就用這樣的態度來生活吧！」

人生在世難免會自我懷疑，想著「這樣對嗎？」、「我可以這樣做嗎？」但我們總是猶豫一下就放棄了。這時，請大家記住下列句子：

看著能讓自己更好的方向，抹去否定思緒，想像未來更好的自己，並不停往前走。在終點上，有個連自己也無法想像，更強大且更好的自我正在等著。

給你一句狠話

「孔雀不會羨慕其他隻孔雀的尾巴，因為牠相信，自己的尾巴是世界上最美麗的。懂得自己擁有的美好，才能達到內在的和平。」

——伯特蘭．羅素

4 微小舉動帶來的巨大感動

之前有一段影片在韓國引起了話題。

影片中，南韓職業足球員孫興慜在比賽結束後，認真接受訪問。隨後一聲：「好，我們的訪問到此結束。」接著，他雙手恭敬的把麥克風慢慢放在桌上。看到這個情景的主持人與記者，都異口同聲稱讚他：「從小就是頂尖選手，竟如此謙虛有禮。」、「孫興慜這麼珍惜對待我們的麥克風，真的非常有魅力。我以後也會好好珍惜我的麥克風。」

光看這些訊息就知道他們當時有多感動。我們會因他人一個微小舉動就深深感動。而全世界粉絲也在看了該影片後，留下無數的讚嘆與敬意：

「可想而知他的家庭教育有多麼好。」

「這是優秀家庭教育創造的驚人奇蹟。」

「我相信他能用放下麥克風的雙手舉起優勝獎盃，他有這個資格！」

這個場面讓大家知道態度的重要性。就算做同樣的事，有些人會受到喜愛，而有些人則會被厭惡。其中，小小的言行舉止就能決定我們對一個人的評價。

我們要永遠像對待自己般對待他人，不去要求他人做自己不願意的事情，若以這樣的心來過一天，反而會有好事發生。以美好的心來度過一天，就是送給自己禮物。

給你一句狠話

「我一直以來都認為，人們的行為最能充分顯現出他們平常的想法。」

——英國哲學家／約翰．洛克（John Locke）

5 裝睡的人叫不醒

我想問大家一個問題：「世界上最難叫醒的人是誰？」整晚熬夜讀書後剛剛睡著的人？還是很兇以至於我們不敢惹的人？都不是。這世界上最難叫醒的人，不是那些真的在睡覺的，而是「裝睡」的人。任何人都叫不醒內心想著「我才不要起床」的人。

同理，不論是誰，如果開始行動前就想著「我根本做不到」，就永遠無法達成目標。因為不論做什麼事情，最重要的都是要相信這件事發展的可能性。

就像叔本華說：「晚起，如同刪除自己的早晨時光。」所以在開始時就想著自己做不到的人，等於扼殺了達成目標的可能性。

這世界上最強的人，是即便有千萬個做不到的理由，依然堅信自己能做到的人。我相信自己的可能性，只要相信能做到，一切皆有可能。

給你一句狠話

「晚起，就如同刪除自己的早晨時光。」

——叔本華

6 不要因為一時情緒賠上人生

「那個人讓我心情很糟。」

「一早就聽媽媽嘮叨，讓我整天都很火大！」

「為什麼那個人就只針對我？」

心情不好時，接下來一整天可能都不太愉快。

然而，其實所謂的壞情緒並非原本就存在。只不過因為情感就像玻璃般，會將他人當下的情緒完全呈現出來。因此，無法認可當下情緒的人，最終會因為無法控制情感，打破玻璃而受傷。

對此，我認為**一時的情緒，將成為對待人生的態度**。

很多人都因為無法控制自己的情緒，而毀掉珍貴的一天，換句話說，是自己親手毀掉人生。這樣一天天累積下來，情緒就成為對待人生的態度，最後人生也跟著萬劫不復。

我不是危言聳聽，相反的，是在告訴大家如何讓人生變得幸福。不論處於什麼情況，只要我們能控制情緒，就可以使自己的態度變得更美好。我希望大家都能有個美好的未來。

為了自己珍視的人，我們能做的事，就是用正面美麗的言語，來溫柔撫慰對方疲憊的心靈。當我們安慰重要的人，心靈也會變得更美麗。

給你一句狠話

「我們會被自己信賴的對象或想法拯救。我們都能改變自己的人生，並總讓自己變得更好。」

——西班牙作家／巴爾塔沙．葛拉西安（Baltasar Gracián）

7　每個人都是自我探險家

「哇！就是這個拍照區。」

「把品牌拍得清楚一點。」

「我要趕快拍下來上傳到ＩＧ和臉書。」

這些都是日常生活中很常見的對話，說不定大家也常到處拍照上傳。想擁有大家都喜歡的東西，擁有後就想炫耀，這是人之常情。但做這些事，並不會使人成長，反而少做這些認為理所當然的事更能成長。

為什麼人會習慣拍下高級飯店與餐廳的照片並上傳社群媒體？這是因

為我們暫時擁有不屬於自己的事物時，想記錄這個瞬間。但為什麼我們總忽視自己擁有的珍貴事物，然後看著別人擁有的，並流露羨慕與忌妒？

這是因為我們不知道自己擁有的事物有多麼珍貴。請大家跟著下列步驟，開始抱持珍惜的心態生活：

1. 停止拍這些認證照。
2. 檢視自己所擁有的。
3. 將尋找到的價值寫下來。

生活中必需的所有東西，都已存在我們的心中。只要能找出並認知它的價值，就不會再羨慕他人的人生。

每個人都是自我探險家，生來就是為了探索自己。要確實知道自己擁有的，才能回饋給這個世界。我們的每一天，都是探尋自我的愉快旅程。

給你一句狠話

「我們往往不會想自己已經擁有的，卻總是想著沒有的，並羨慕著。」

——叔本華

8 即使是開玩笑，也不能說謊

安昌浩是韓國獨立運動家，也是終身為韓國奉獻的教育家。他留下十一句名言，光是閱讀，就能讓我們更有智慧的轉變人生態度。請大家朗讀、書寫並謹記在心。相信大家一定能發現，往後的每一天都將變得很不一樣。

1. 即使是在睡夢中失去兢兢業業的心，也應該感到悲痛。
2. 不要浪費每一天，因為青春不會重來。
3. 不要期望其他人都與自己相同性格。因為不論是光滑或粗糙的石頭，都各有所用，所以不要怪它、責罵它，找出它的用處！

4. 感嘆無人可用的你，為何不努力成為那種人才？
5. 即使是開玩笑，也不能說謊，寧死也不能虛偽。
6. 如果我追求的是真理，一定有人跟隨，因為正義終將到來。
7. 人都懷著使命而生，而人生是探索使命的旅程。
8. **戰勝自己，是世上最難且最大的勝利**。
9. 機會不會留給那些空等的人，須擁有獲得機會的實力。
10. 絕望是青年的死亡，青年之死即是國家之亡。
11. 有責任之處就有主人，積極擔起責任的是主人，旁觀者只是客人。

沙特有句名言：「**死亡是無我的生命延續**。」我原本無法理解這句話的涵義，卻讀了安昌浩留下的文章後頓悟。他的肉體雖然消亡，但精神卻依然引領我們走上該走的路。不論什麼年紀，安昌浩留下的文字都令人熱血沸騰。因為他生前就過著這樣的人生，因此留下的話語更顯溫暖。請大家讀寫下列文句，感受它的溫度！

熾熱活過的人，他們的言語不同於他人。光聽就令人悸動，使人產生那樣活著的念頭，像他們一樣熱烈的活著。

給你一句狠話

「死亡是無我的生命延續。」

——尚－保羅．沙特

9 世上沒有一雙鞋適合所有人

1. 這行得通嗎？
2. 我真的能做到嗎？
3. 這樣下去真的可以嗎？
4. 應該還不到時候吧？
5. 有必要這樣嗎？

我們的每一天，就是自己擁有最強大的武器。上述五個提問，可能會逐漸毀了我們的一天，反之，也可能讓一天更具意義。

事事不順時，面對這五個問題，很可能想出錯的答案。這時，請轉變思考方向，因為轉變思考方向就能扭轉人生。

1. 當你想「行得通嗎？」時，就先嘗試，這樣就能把疑問變結論。
2. 「我真的能做到嗎？」先試過再下解答。能把懷疑轉為確信。
3. 當你對生活產生「這樣下去真的可以嗎？」的不安感，請改變自己，將不安畫下句點。
4. 當你有「應該還不到時候吧？」的念頭時，就想所謂時機都是由自己實踐決定，這樣才能把不可能變成可能。
5. 當你出現「有必要這樣嗎？」的悔意時，請試著以自己的努力來突破限制。

世上沒有一雙鞋子適合所有人。適合那個人的鞋子，自己穿可能會磨腳。所以我們應該透過上述方法轉換思維，找到最適合自己的解答。

親自嘗試並實踐來找出最適合自己的答案。因為他人的答案與方法，不見得適合另一人的人生。我的一天，只屬於我自己。

給你一句狠話

「一個人感覺合腳的鞋，卻會夾痛另一個人的腳。這世上不存在適用於所有情況的人生祕訣。」

——瑞士心理學家／卡爾．榮格（Carl Jung）

10 態度造就差異，而非出身

在韓國，最近人民對於政治人物的信任度逐漸下滑，但並非所有政治人物皆如此，其中也一定有閃閃發光的人。他們的光芒從何而來？

之前我聽過一位候選人的當選感言，他曾多次參選，最終險勝。當時，他以沉穩的表情回答：「我的當選，並不代表對方落選。我只是獲得了替他工作的機會。現在開始，是我的奉獻時間。」

這個回答像潺潺湖水般淨人心脾。我聽了他的話，突然發自內心體會到法國思想家伏爾泰（Voltaire）話中精髓：「人人平等，只有態度才造就差異，而非出身。天生的美貌能吸睛，但**氣度能抓住靈魂**。」雖然人人平等，但態度會造就差異，而非天生。

其實我不認識這位政治人物，也不知道他做過什麼事，或一路以來如何生活，但他的一句話卻讓人如沐春風。因為我在他身上感受不到一般政治人物傲慢的表情與言語，不禁讓我有了這樣的想法：「如果是這個人，或許可以期待明天。」

如伏爾泰所言，環境與金錢不太重要。**一個人擁有的可能性，由他內在氣度決定**，而非實體物質。像這樣有氣度的說話，能向世界傳達我們的存在，是多麼珍貴。

我們要常說出自於愛的言語。

在任何情況都不會為一己之私而傷害或責罵對方。心中有愛，話會有氣度，而氣度將證明自己是怎樣的人。

給你一句狠話

「人人平等，只有態度才造就差異，而非出身。天生的美貌能吸睛，但氣度卻能抓住靈魂。」

——伏爾泰

11 先完成一件事，再添加一項

我每天同時做很多事情，卻不覺得自己忙碌。有時甚至還會問自己：「我應該很忙，為什麼不這麼想呢？」雖然大家可能會覺得奇怪，但同時做很多事時，不免會有這種想法。

我覺得自己能同時做這麼多事卻還游刃有餘，是因為能分辨事情的輕重緩急。只要定下先後順序，然後徹底實行，每個人都能做比現在更多的事，並愉快的享受生活。其實，決定事情優先順序的方式很簡單：

1. 應該先完成的事。

2. 其次該做的事。
3. 最後才做的事。

像這樣，將必須做的事情分成三類，其他的都直接刪除。之後根據優先順序一一完成，並且集中精神，抱持「這是我現在唯一該做的事情」的心態來完成。

這時有一點很重要，就是完成一項後，再添加一項，然後重新排序三件事。也就是隨著完成一件事，不斷加入新的事項並再次排序。

不論再怎麼煩惱，事情不可能自己解決。但若安排優先順序，就能在日常中有效節省時間，而且因為能將心神全部投注在真正想做的事情上，反而能輕鬆且快速完成。

世上最強大的人，時刻投注在想做的事上，絕不浪費在其他地方。這樣的人，不論情況如何改變都能成功。不浪費精力，才能全力以赴。

給你一句狠話

「不實踐而光想的人，將人生過成悲劇。而不想只一味行動的人，會自己掉入陷阱中。」

——巴爾塔沙．葛拉西安

12 不論什麼領域，真正的競爭者都不到二〇%

「要多努力才能達成目標？」
「想要通過這項考試的話，要拚命讀書才行吧？」

所謂的成就，不一定指熾熱燃燒的時間。很多人無法活躍在自己的領域，不是因為他們不認真，而是因為他們沒有反覆做。

所有考試都有很高的競爭率，但有些考試卻有一半的考生根本沒到場，或即便到了考場，也無法稱為競爭者，很多不過是隨意應付卻希望幸運從天而降。

不管什麼領域，真正的競爭者都不到二〇%，因此無須為了有好的表現而竭盡精力與思慮，只要做到自己能做的水準，就能如魚得水。做到自己能做的水準不是指隨便做。

對我來說，我有一個持續三十年的方法，就是為不同領域定下不同的達成目標或水準。舉例來說：

1. 先將整體目標訂為所有能力都提升二〇%。
2. 然後依序訂定各領域每日與每年的行程表與目標。
3. 在每個項目中放入關鍵字，如「每天增加二〇%運動時間」、「每月提升二〇%文章水準」、「每年提升二〇%自我價值」。

只要明確訂下每日、每月與每年的目標與行程，且持續做，不論誰都能在自己的領域中嶄露頭角。

不需要竭盡精力與思慮，也不需要其他方法。當覺得自己達到某個程度後，只要轉換關鍵字來挑戰其他領域即可。

或許有人會問：「增加二〇%的運動時間，因為有數字做依據，因此可行，但該如何評價文章水準和自我價值？」

這是在還沒開始時會提出的問題，因為不想做而找藉口解釋。只要開始做，不可能不知道自己的水準或價值提升多少。就像每天健身的人，能感受到健身菜單的力量一樣。

不妨現在馬上開始行動！相信大家立即能體會這種感覺。真正起身行動的人，不會光說著要開始，而是展現出開始的意志，然後每天反覆，並證明其價值。

給你一句狠話

「不認真的人也騙別人他很認真。但那不過是毀了自己的悲傷演技罷了。」

——巴爾塔沙・葛拉西安

13 你比你以為的還要強大

「大家都是這樣，感冒或身體不舒服的話，就很難繼續安排好的行程。補習班或學校，一天不去也沒關係吧。應該不是只有我這樣想。」

環顧四周，就會發現許多人都有「難道只有我這樣想？」這種疑問。有時，人在發生不想做某事時，常會問：「應該不是只有我這樣吧？」而這句話隱含著下面的意思：

1. 看吧，不是只有我這樣。

2. 大家都這樣，不是嗎？
3. 所以這樣也沒關係。
4. 我沒有做錯什麼。
5. 難道不是健康最重要？

如果覺得又累又辛苦，可以停下來沒錯。事實上，這世上有九〇%的人都會躲在這些話後面，不去做已經安排好的事。

身體不舒服的話，當然很不想去上課、上班。健康很重要，心情的放鬆也很重要。但只要改變一下說話習慣，生命的方向就會不同。

將「不是只有我這樣吧？」換成「如果是我，好像能做到吧！」

對我而言，如果不是無法自主行動，一定會遵守訂下的行程。如果大家有什麼想完成的事情，請絕對不要放棄！用「如果是**我的話，好像能做到吧！**」來強化內在意志和責任。因為你遠比自己想像中還強大、韌性。

這世上有兩種人：直接做與不管怎樣都不行動。結果做的人做了，不想做的依然不開始行動。你可以喚醒沉睡的人，卻叫不醒裝睡的人。而我們都要做一個能喚醒自己的人。

給你一句狠話

「世間事無好壞，全看你怎麼想。這比任何事都重要，你必須對自己誠實。」

——威廉．莎士比亞

14 與其批評生活，不如探究人生

讀書不是單指讀書行為。在我們閱讀人生篇章時，會發現很多美好的字句。當然，不是每個人都能享受這樣的閱讀人生。為了能正面解讀，我們需要不同的態度。舉例來說，一般人吃到乾巴巴的麵包時會有兩種反應，而大部分的人都會說：

「麵包太乾了，真吞不下去。」

「到底誰會吃這個？煩死了！竟敢賣這種東西！」

但是，能正面解讀，並永遠抱持學習熱忱的人，則會說：

「這和牛奶超搭！跟牛奶一起吃一定營養均衡又健康！」

「我要推薦給吃麵包時喜歡搭配牛奶的人。」

差別在哪？前者遇事只知道批評與抱怨。但後者卻抱著開放的態度，認為萬物都有其用處，所以能根據經驗，找出需要這個資訊或幫助的人。

讀書也一樣。如果單純為了反駁或找出錯誤，將不會有任何收穫。必須懷著學習、幫助他人與想探究新事物的心，才能以正面視角度過愉快的閱讀時光。

雖然坐在書桌前也是讀書，但日常中，我們也在翻閱人生篇章、讀著專屬自己的書。告別先前只想反駁與尋找錯處的厭煩與憎惡，以探求幫助與資訊的心來認真閱讀。

給你一句狠話

「不要為了反駁或是找出謬誤而讀書，也不要為了找出花絮而讀書，而是為了思考與學習。」

——英國哲學家／法蘭西斯．培根（Sir Francis Bacon）

第 5 章

願意自己找答案的人，永遠強大

1 書寫讓你贏在人生起跑點

我為何一再強調將句子寫下來？

首先，如果你的朋友因為事情不順來找你，這時你會對他說什麼？或許是「你要相信自己可以做到，再試試看，一定會有好的結果！」之類的話。

實際上，只要相信自己可以達成目標並開始行動，所有事情都會往好的方向發展。

但問題出在一開始的「相信自己」並非易事。因為正面心態是一種非常難擁有的高貴智慧。抱持相信自己能做到才開始的事情，不是大喊幾聲口號就能順利達成，不過這時，書寫卻能提供很大的幫助。

抄寫句子需要什麼？首先要有範本，這時我們寫下來的，都是已經在生活中擁有很高智慧的人所留下的文字。這些句子可以說是那些前人的智慧結晶。

我們藉由一筆一劃，一點一滴吸收這些留傳下來的智慧。以很簡單的方法，將人生起跑點稍微拉前一些。書寫就像為自己樹立榜樣，如果大家能記住下列三點，更能提升其效力：

1. 相信書寫的可能性與價值。
2. 每天確實寫五分鐘。
3. 朗讀寫下來的文章，並用眼與心銘記。

每天書寫，將智慧與正面思維作為送給自己的禮物。雖然不容易，但一定能感受到每天的累積與成長。永不放棄、堅持到底的決心，將成為自己的榜樣。

給你一句狠話

「樹立榜樣不是影響他人的最佳方法，而是唯一方法。」

——法國神學家／亞伯特．史懷哲（Albert Schweitzer）

2 閱讀理解力，就是你的生存力

我之前看了一段南韓團體BTS的採訪影片，主持人問及成員中誰最愛哭？成員都指著田柾國，這時閔玧其溫暖的笑說：「沒關係，你可以哭。只要一個人時不哭就好了。」

還有對於提問：「你覺得你的人氣能維持到永遠嗎？」他以一個漂亮的比喻，誠實表達自己的內心：「我**害怕墜落，但不害怕降落**。因為如果墜落就完蛋了，但降落的話，隨時都能再次起飛。」

下一句話更能體現他的精闢思索：「在飛機上，如果看到地面，就會有飛行的感覺；然而在雲層間卻感受不到。所以我在想，這是對的嗎？僅走到這裡真的是我們希望的嗎？」

他以鮮明的句子表達自己感受到的情況。我們沒有機會體驗身為紅遍全球的大明星生活，但是在聽了閔玧其幾句話後，卻能感同深受。這就是閱讀理解力高的人，帶給世界的力量。

相信擁有高度理解力的閔玧其，無論做什麼事都能順利成功，獲得超越期望的成果。

為何閱讀理解能力就是生存力？

這世上有很多擅長唱歌或寫文章的人。不過，在這之中又能分成單純擅長和靠才能維生的人。單純擅長的人，按照他人的指示唱歌或寫文章，但靠才能維生的人，卻能在每一個旋律和歌詞中注入自己的氣息。而那濃郁的氣息，就是上天送給閱讀理解力高的人的禮物。

透過多樣化學習，提升自己的閱讀理解能力。將以前不懂而無法表達的事物，一一發掘並表達出來。

給你一句狠話

「真正重要的，是無法言說的。」

——路德維希·維根斯坦

3 有人只看見黑暗，有人卻能想像星辰

有些人每天在社群媒體上發表文章，並不斷成長，漸漸發展成有鮮明特色的人，但有些人卻過著憤怒與抱怨的人生。差異在於內在的意志。帶著善意且想將美好事物分享出去的人，從社群媒體上也能看出其美麗的心意。但這世上總有與之相反的人，大家不妨想想身邊是否有這樣的人：

1. 直播分享他人不幸。
2. 批判與嘲弄他人。
3. 選邊站，製造爭端。

4. 將創造力都用在惡評上。
5. 不書寫，只分享照片或影片。
6. 汲汲營營於好友人數。
7. 不寫關於自身事情。

透過個人社群媒體培養自己寫作實力的人，不會忘記幫助他人之心。會為了能幫助他人而持續鍛鍊與修養自身。

請不要活成上述七種模樣。堅實的內在，能增進寫作能力。請記得，高情商能引導我們過上更好的生活。

一樣看著黑夜來臨的星空時，有人會說「天黑了」，有人則說「星星出來了」。不論情況如何，**有人只看到黑暗，反之，卻有人看見星辰**。

給你一句狠話

「自滿是人類高估自己所產生的虛妄快樂，一個人的意志與智慧是相等的。」

——荷蘭哲學家／巴魯赫．斯賓諾莎（Baruch Spinoza）

4 讓自己一點一點變完美

寫作是很辛苦的事。如果學校老師出作文作業，就更麻煩了，不僅時間不充裕，也不知道從哪開始提筆。其實我到現在還是如此，仔細回想，自己根本沒有能寫文章的完整時間或空檔。我因此曾丟棄寫了一半的稿紙，把時間花在學習或工作上，藉此得到高分或賺更多錢。

大家應該也一樣，除了作業、工作、學習，還要滑手機等。要抽時間寫文章，更是難上加難。但成長型人類總能在忙碌日常中，抽空寫文章。

這世上幾乎不會有人放下所有事情，只為了專心一意寫文章，而是即使忙碌，還是想寫些什麼，因此想盡辦法擠出時間來寫。

屏除解釋與藉口，不管如何，**開始寫作**吧！只要開始，就能過上不同於以往的人生。現在立刻行動，就能在明天感受到變化。

方法永遠在我們心中，**不論這個世界如何阻擋，只要繼續寫下去，總有一天能成就自己的故事**。在寫作間，比任何人都自由，且逐漸變完美。

給你一句狠話

「不論文章或人生，都需要數十，不對，數百次的訂正。」

——美國作家／厄尼斯特．海明威（Ernest Hemingway）

5　別只是嘴上說，寫下來吧

「如果我當上學生會長，就能改變學校！」

「各位，相信我就對了！」

不只是求學時期會有這種朋友，哪怕現在，也有許多人高喊想改變世界。但有人曾經看過以這種方式改變世界的人嗎？世界不是這麼輕易就能變化。以呼喊、口號或積極行動改變世界，雖然是好事，但我想為大家介紹一種更穩重、有智慧的方式——寫文章。

寫下對這世界期望的樣貌，最終將看見奇蹟。若越來越多人能透過書寫文章轉變那些不滿意的地方，相信生活一定會變得更美好。

所謂書寫，是將無法以言語表達，卻無法沉默以對的珍貴事物，以最精練的語言，記錄在紙上。而寫下文字的人，即是改變世界的人。

給你一句狠話

「大人者，言不必信，行不必果，惟義所在。」

——中國哲學家／孟子

6 忙碌和盡全力，兩者沒有相關聯

「今天好忙。」

「因為補習班的事太多，其他事都做不了。」

「你沒看到我正忙著寫作業嗎？」

很多人嘴上總掛著這些話。請大家試想，為何自己如此忙碌，生活卻沒有任何變化？反而那些從容自在的人，生活正逐漸變好。為什麼？

請記住，**「整天都好忙」不是全力以赴的證明**。因為忙碌與盡全力沒有相關聯。已經規畫好並安排做事優先順序的人，生活絕不會處在瞎忙中。這是因為他們懂得根據下列標準，有效運用每一天：

1. 做今天必須做的事。
2. 刪除不是今天一定要做的事。
3. 照計畫執行並專心完成。

忙碌是做事缺乏原則且未安排優先順序的結果。將今天必做事項寫在筆記上，其餘果斷刪除，才能把該完成的事做好。從現在開始，希望大家不在不必要的事上浪費寶貴時間。

懂得分辨什麼事該做的人，不會忙得像陀螺般原地打轉或手忙腳亂，因為他們知道何時該做什麼，並將精力集中在該做的事上。

給你一句狠話

「其實人和樹是一樣的，越是嚮往高處的陽光，它的根就必須越伸向黑暗的地底。」

——弗里德里希·尼采

7 說自己的經驗，與人溝通不緊張

「報告好累！」

「好緊張，我講不下去了。」

大人其實跟小朋友一樣，常會在眾人前說話時感到緊張不適，就算學習說話技巧，緊張感也不會因此消失。

為什麼人在眾人面前說話時，會不自覺緊張？因為性格內向，或因聽眾太多？其實都不是。

我性格內向，但即使演講須面對數千名聽眾，或上電視節目面對無數臺攝影機，我也完全不緊張。反而會想著：「如果緊張的話，就無法好好把想說的話說出口。現在對我來說，緊張是奢侈的。」並享受那段時光。

不是因為性格外向或強裝不緊張，更不是努力學習不緊張的方法。而是我對於自己要說的話，有這般自信：

1. 只說自己的真實經歷。
2. 只說自己深入思考過並確實掌握的內容。
3. 只說出比時間還更珍貴的事。
4. 只說自己覺得最珍貴的事情。

因為這四個理由，所以若有數千名聽眾來聽我說話，反而會更高興，攝影機越多越開心。因為我深信自己的話語能幫助更多人。

從現在起，不要再因為太多人在面前而緊張或猶豫，重點在於分享經驗，與經過深思熟慮的故事。講的內容夠充分，就能在舞臺上發光。自身存在，就是光芒。

給你一句狠話

「請將所有令人痛苦且難過的事，都看作一種考驗。鐵須經千錘百鍊才能變堅硬。你的內在也須透過這樣的試練，才能變得更加堅強。」

——希波的奧古斯丁

8 如何讓別人願意聽你說話

「我希望能在朋友面前帥氣的說話。」

「該怎麼說，才能讓大家都聽我說話？」

前文講述不緊張的方法，現在帶大家深入了解讓人專注傾聽的方法。明明抱著自己會講得很好的想法，但為什麼站在大家面前時，卻無法好好發揮準備講述的內容？

無法發揮實力，原因就在自我加油口號中：「如果想表現好，該怎麼做？」這句話中有什麼意涵？就是「做不好該怎麼辦？」這種不安感。而我們心中，對於負面感知總是高於正面感受。

所以，不管什麼場合，都能把話講得精彩絕倫的人，不會絞盡腦汁想著如何把話說好，反而會把焦點放在「希望成為有助益的人」。

這點很重要，希望能提供幫助是一種心意，想把自己知道的傳遞給大家，基於哪怕能幫助一個人也好，而這種心態並非輸贏。

帶著這樣的心意，即使有數千人坐在我面前，也如同與朋友間聊天般自在，以平和的聲調，順利的說出自己想表達的事。或許該說，如果有更多不認識我的人，我反而能講得更精彩。因為一次就能將心意傳達給這麼多人，一定會感到加倍幸福。如果大家抱持這樣的心態，自然而然能使他人專注聽講。

不論身處任何情境，情境本身沒有問題。改變看待情況的視角，不論何時都能創造出想要的結果。捨棄想要表現出眾的心，而以幫助他人的心意開始。轉變心思，結果也隨之改變。

給你一句狠話

「持續學習活成自己的方法。真正的勇氣是不怕畏懼、勇往直前，而智慧是有效運用知識。」

——柏拉圖

9 勝者永遠都是安靜的

「他以為他是誰？你也看到了吧？他一直犯規！」
「我就知道會這樣，他又沒什麼實力！」

在激辯過後，如果對方四處說你的壞話，代表他就是這場爭論的失敗者。不需要因此心情不好或埋怨那個人。可以用下列三點來說明：

1. 在討論中勝利的人，大都時候不會聽到好話。因為除了高水準的人，其他人輸掉討論後，一定會說些貶損對方的壞話。

2. 若對方憤怒或發脾氣，就是各位勝利的證據。不要在乎那些閒言閒語，直接離開該場合即可。

3. 討論是知識與想法的摩擦，而非情感的衝突。若對方感情用事，代表他沒做足討論的準備。

如柏拉圖所說：「激辯過後，敗者總會中傷他人。」勝者在激烈討論後，通常不會多說，但敗者卻會到處說長道短，且比討論時說得更多。這種行為只不過印證他就是失敗者，因為**勝者永遠都是安靜的**。

透過討論，我們尊重彼此的意見、獲得成長機會，就算輸了，也不要感情用事，而將之作為培養思考與邏輯的機會，讓自己更進步。

給你一句狠話

「激辯過後，敗者總會中傷他人。」

——柏拉圖

10 把話說好，多聽比多想重要

俄羅斯小說家列夫．托爾斯泰（Leo Tolstoy）不僅是大文豪，也是教育學家。他為教育奉獻了自己所有的生命，而他最常強調的就是「等待的價值」，只要等待，機會終將到來。

人與人之間的對話也一樣。覺得自己不會說話的人，總在對方說話時，想著自己接下來要說的話。但這樣能好好溝通嗎？完全不行。反而會陷入一種惡性循環。

雖然將話說出口前能先思考是好事，但最重要的是，認真聽對方把話說完。

想把話說好，多聽比多想更重要，聽完了再講也不遲。就算晚兩到三秒才回答，世界也不會崩塌。對我們來說，最重要的是稍晚也沒關係的勇氣。如果真的很在意，可以徵求對方諒解，詢問對方「可以讓我先思考一下嗎？」

不是脫口而出的隨意回答，而是雖然慢一點，但仔細聽完問題後再做出答覆，才能達到交談目的。雖然想費盡心思表現好，但沒有傾聽，就無法形成有效的對話。

言語是世界上最美好的音樂，須以溫暖的心意來演奏。

給你一句狠話

「懂得等待的人，機會終將到來。所以對人類來說，沒有比忍耐與時間更強大的武器。」

——列夫．托爾斯泰

11 有想法的人不輕易動怒

「媽媽為什麼總對我這樣？」

「為什麼在學校亂發脾氣？」

日常生活中，人會因各式各樣的理由發怒。但情緒高漲前，大家不妨思考當下情況一定得發脾氣嗎？問自己：「當時的我，真的是對的嗎？」如果是對的，沒必要生氣。隨後再問自己：「難道我做錯了？」若做錯了，證明更不需要生氣，而是該道歉。就如印度國父莫罕達斯・甘地（Mohandas Gandhi）所言：「如果我是對的，沒必要生氣，如果我錯了，那沒資格生氣。」以心平氣和的態度檢視自己的一天，就會發覺其實很多事情沒必要動怒。

大多數情況都不是當下那件事值得或必須生氣，而是因為我們心中鬱悶，想將心頭這口氣宣洩出去。這就是為什麼人常對家人或朋友擺臉色。

但沒理由就發怒，且無法控制自身情緒的話，很可能傷了彼此的心，因此我們一定要在心中提醒自己。

深思熟慮的人，不隨意發怒。這是因為他們知道只要認真想過，就會發現沒什麼值得生氣。控制自己的情緒，冷靜思考且聰明判斷。

給你一句狠話

「如果我是對的，沒必要生氣，如果我錯了，那更沒資格生氣。」

——莫罕達斯．甘地

12 跟自己比較

「不會吧？竟然要我們做完這些？」

「太多事情要處理了吧！」

人都難免遇到必須在一定時間內，完成超出能力範圍的事。之前我曾遇到在兩個月內，三本書同時截稿的情況。

遇到這種狀況，該怎麼做？想方設法急忙趕在期限內完成，即使拉低水準也無所謂？這個想法是錯的。當大家感覺手邊事情多到做不完時，請記得下列七點：

1. 維持一貫速度或放慢速度。
2. 慢慢來，一定能完成。
3. 不要降低標準，也不要著急。
4. 持續努力就行，一個一個慢慢做。
5. 相信自己可以，就能做到。
6. 自己的態度決定結果。
7. 不要敗給艱難的現實。

如果因著急就隨便做，反而會對不起自己。與其這樣，不如一開始就別做。請記得，做就對了，你一定能辦到。

想比他人做得好，其實一點都不重要。因為**跟自己比較，才能成長茁壯**。在自己所處的環境，以自身擁有的力量與能力做當下能做的事情，一定能迎來變化。

給你一句狠話

「天才擁有超強的痛苦忍受能力。」

——蘇格蘭作家／湯瑪斯．卡萊爾（Thomas Carlyle）

13 頓悟得靠自己，別人幫不了

每當我問聽眾：「杯子的價值在哪裡？杯子最閃閃發光的時刻是何時？裝著很貴的飲料時嗎？大家是怎麼想的？」

很多人會回答：「當杯子裡裝著東西的時候。」這是刻板印象，而杯子真正的價值，是裡面什麼都沒有時才真正顯現。因為杯子空著才能裝東西，這時能顯現杯子的價值。如果思考集中於本質，就能從內在找出所謂的創意力。

為了過著充滿創意點子的生活，我們必須時時將想法記錄下來。將突然冒出的點子，以手和眼睛記住並放在心中。這也是大師們實踐的方法。

何況我們還有智慧型手機這個道具。雖然很多人只把它拿來打遊戲或者是看影片等，因此讓它背負有礙智能發展的罵名，但是如果我們能夠好好利用它來記錄、檢索並探索，手機也能瞬間變身為有助於增長智慧的好夥伴。

有時一個出其不意的想法，就能改變人的一天。這時如果記錄在手機的記事本中，就能讓自己充滿創造力的光芒。請大家養成習慣，每到休息時間，抽出一分鐘看手機記事本並回想當天記下來的事，相信一定能感受到改變人生的奇蹟。

知識與資訊是共有的，但頓悟則是自己的責任。只有記錄、檢索並探索，度過充滿創造力的一天，才能自己教導自己。

給你一句狠話

「我不能教任何人任何事，只能讓他們思考。」

——蘇格拉底

14 尊重他人，從尊重自己開始

「對人要有禮貌才行！」

「要跟大人問好，和朋友好好相處！」

這些話大家從小聽到大，應該都聽膩了。或許因為這樣，其實我們身邊懂得尊重他人、彬彬有禮的人比想像中多。大家都努力維持禮貌風俗，在不損及自己利害的情況下，尊重對方意見，並維持良好關係。

但令我驚訝的是，很多人卻不懂得尊重自己。

在我看來，這些人不僅不相信自己的想法，並對自己的失敗毫不在意，甚至對待自己就像奴隸般殘忍。為何對待他人彬彬有禮，唯獨對自己卻如此無情？

一個人若不懂得尊重自己，卻表現出對別人的尊重，那麼他很可能是虛假的。就像愛一樣，要懂得尊重自己，才能尊重他人。假裝體恤他人，人生不可能因此變好。

如果大家有夢想和目標，就更應該學會尊重自己，才能發自內心敬重他人。透過尊重，學習他們的競爭力並一一吸收內化，學會無數自己不知道的知識。

不論在任何情況，都要尊重自己，並真心尊重他人。能這麼做的人，不論身在何處，都能獲得啟發。

給你一句狠話

「懂得尊重自己的人，也能尊重他人。」

——叔本華

國家圖書館出版品預行編目（CIP）資料

給你的一句狠話：不管現在的你遇到什麼煩惱，都能找到一句直擊內心深處，穿透迷茫的強心劑。／金鐘沅著；張鈺琦譯.
-- 初版. -- 臺北市：大是文化有限公司, 2025.05
256頁；14.8×21公分. --（Biz；486）
譯自：너에게 들려주는 단단한 말
ISBN 978-626-7648-18-6（平裝）

1. CST：自我實現　2. CST：成功法　3. CST：青少年

177.2　114000913

Biz 486

給你的一句狠話

不管現在的你遇到什麼煩惱，都能找到一句直擊內心深處，
穿透迷茫的強心劑。

作　　者｜金鐘沅
譯　　者｜張鈺琦
校對編輯｜張庭嘉
副 主 編｜陳竑悳
副總編輯｜顏惠君
總 編 輯｜吳依瑋
發 行 人｜徐仲秋
會 計 部｜主辦會計／許鳳雪、助理／李秀娟
版 權 部｜經理／郝麗珍、主任／劉宗德
行銷業務部｜業務經理／留婉茹、專員／馬絮盈、助理／連玉
　　　　行銷企劃／黃于晴、美術設計／林祐豐
行銷、業務與網路書店總監｜林裕安
總 經 理｜陳絜吾

出 版 者｜大是文化有限公司
臺北市100衡陽路7號8樓
編輯部電話：（02）23757911
購書相關資訊請洽：（02）23757911　分機122
24小時讀者服務傳真：（02）23756999
讀者服務E-mail：dscsms28@gmail.com
郵政劃撥帳號：19983366　戶名：大是文化有限公司

香港發行｜豐達出版發行有限公司　Rich Publishing & Distribut Ltd
香港柴灣永泰道70號柴灣工業城第2期1805室
Unit 1805, Ph. 2, Chai Wan Ind City, 70 Wing Tai Rd, Chai Wan, Hong Kong
電話：21726513　傳真：21724355
E-mail：cary@subseasy.com.hk

封面設計｜孫永芳
內頁排版｜黃淑華
印　　刷｜鴻霖印刷傳媒股份有限公司

出版日期｜2025年5月　初版
ISBN｜978-626-7648-18-6
電子書ISBN｜9786267648162（PDF）
　　　　9786267648179（EPUB）

Printed in Taiwan
定價／新臺幣420元
（缺頁或裝訂錯誤的書，請寄回更換）